DIANA
VERLAG

KATHARINA ZIMMER

Gefühle –
unser erster
Verstand

Diana Verlag
München Zürich

Inhalt

I. Mitten drin im Labyrinth 9

II. Die großen Denker der Emotionen 56

III. Die Haut – unser zweites Gehirn 75

IV. Wie wir werden, was wir sind 127

V. Sprache – Eintritt in die Welt des Bewußtseins 187

VI. Ausblicke in die Zukunft 209

I. Mitten drin im Labyrinth

Wer kennt sie nicht, die bittere Reue, die uns oft im nachhinein beschleicht, wenn wir betrogen, verlassen oder enttäuscht worden sind. Zu spät kommt die Einsicht: »Hätte ich mich doch damals auf mein erstes Gefühl verlassen.« Denn von Anfang an wußten Sie es ja schon ganz genau: Dieser Mensch meint es ehrlich, vor dem da jedoch sollten wir uns vorsehen.

Natürlich, Sie haben Recht, Gefühle können uns andererseits die bösesten Streiche spielen, wenn wir uns von ihnen hinreißen lassen. Aber wie das Wort »hinreißen« schon ausdrückt, handelt es sich dann sicher um sehr heftige Emotionen, die oft schon lange schwelend auf einen Ausbruch warteten und jeden Anflug von Vernunft wie eine Flutwelle hinwegspülen. Manche Gefühle nagen auch an uns, gewisse Ängste zum Beispiel. Immer präsent und tagsüber mit viel Aktion mühselig unterdrückt, fressen sie uns nachts auf oder zumindest unseren Schlaf.

»Gute« und »schlechte« Gefühle. Tatsächlich ist die Grenze zwischen ihnen hauchzart und nie befindet sie sich an der gleichen Stelle. Um bei der Angst zu bleiben: Was ist, wenn Sie sich sorgen und fürchten, Sie könnten Ihren Verpflichtungen nicht mehr nachkommen oder einem Kind oder Partner in Not nicht helfen? Ist Ihre Angst dann ein schlechtes oder gutes Gefühl? Lähmt sie Ihre Handlungsfähigkeit, also gerade das, was Sie retten könnte, oder spornt sie Sie an, alle Kräfte zu mobilisieren? In der Angst um einen geliebten Menschen können wir Berge versetzen.

Was sind eigentlich Emotionen oder Gefühle? Warum können wir sie oft überhaupt nicht oder nur schwer begreifen? Und wie und warum formen und färben sie dann gleichzeitig doch jede Facette unseres geistig-seelischen Lebens? Denn niemand wird leugnen, daß sie unsere Wahrnehmungen, Erinnerungen, Gedanken und, nicht zu vergessen, unsere Träume prägen. Beherrschen und kontrollieren wir Gefühle und Emotionen oder beherrschen sie uns? Lassen sie uns wie Puppen tanzen oder können wir sie uns dienstbar machen? Können wir sie gar rufen und wegschicken wie der Zauberlehrling den Besen? Eine Illusion, lehrt uns die Ballade, die schnell zum Alptraum gerät.

Und dann: Sind Emotionen eine Art Substanz, die von den Genen in unser Nervensystem eingestanzt ist oder erlernt unser Gehirn sie – unter dem Einfluß unserer sozial-affektiven Umwelt? Ist eine Emotion ein faßbares »Etwas«, ein »Ding«, oder gibt es nur emotionale Prozesse?

Wie weit sind Emotionen bewußt? Und wie weit entziehen sie sich – aktuell oder in den Speicherkellern des Gedächtnisses – dem Zugriff unseres bewußten Erlebens?[1]

Alle diese Fragen müssen wir uns stellen, wenn wir herausfinden wollen, was Verstand und Gefühle miteinander zu tun haben. Kommt ihre fast inzestuöse Haßliebe vielleicht daher, daß sie Zwillinge sind, oder ist das eine das Kind des anderen? Bringen im Laufe der Entwicklung – der evolutionären und der individuellen – Emotionen den Verstand hervor? Oder noch anders gefragt: Tauchen Emotionen zumindest früher auf als der Verstand? Und sind sie heute für uns nur noch Sand im Getriebe? Wie können wir unterscheiden zwischen Emotionen, Gefühlen, Affekten, Temperament, Trieb, Instinkt und Intuition?

Springen wir einmal direkt hinein in diesen gleitenden,

weichen Grund. Es ist zwar nicht leicht, hier Fuß zu fassen, aber konkrete Erfahrungen helfen uns am besten weiter, wenn wir die Begriffe zuordnen wollen, uns jedoch zu keiner eindeutigen Definition oder Kategorisierung entschließen können. Hier zeigt sich häufig, daß mehrere Varianten im Spiel sein können.

Beispielsweise gewisse Erkenntnisse, die ohne den Sekundenbruchteil einer Überlegung aus dem Nichts zu kommen scheinen, noch nicht einmal aus einer sie vorbereitenden Stimmung, und die dann genau das Richtige und Wichtige treffen. Da kann Instinkt im Spiel sein, Intuition und in jedem Fall Emotion. Sie benutzt dann nicht die üblicherweise durchlaufenen Bahnen durch mehrere sie verarbeitende Hirnbereiche. Wenn eine angemessene Reaktion sich keinen, aber auch nicht den winzigsten Aufschub leisten kann, wählt sie eine Notschaltung, einen abgekürzten Weg im Gehirn: einen lebensrettenden.

An einem ganz normalen Tag unter der Woche auf dem Weg zur Métro im 14. Arrondissement von Paris schickte ich mich an, die Straße zu überqueren, als ich, gebannt vom Blick eines entgegenkommenden Passanten, erstarrte. Während ich rückwärts auf jemanden hinter mir fiel oder stolperte, war es schon passiert: Irgend etwas Steiniges, Schweres krachte auf den Asphalt. Ein riesiger Bagger hatte aus seiner Ladung, die ohne jede Sicherheitsvorkehrung über die Straße schwenkte, ein Stück seiner aufgegabelten Last verloren. Ein bißchen in Gedanken versunken, hatte ich nicht wie die anderen Passanten einen Bogen um die Baustelle gemacht, sie überhaupt nicht gesehen. Hinterher habe ich mir zu erklären versucht, worin wohl dieses imperative Signal bestanden hatte, mit dem mir der Entgegenkommende wahrscheinlich das Leben rettete. Zeit, es bewußt aufzunehmen und daraus einen Handlungsentschluß abzuleiten, war nicht gewesen. Ich glaube, die Augen des Mannes waren in die Höhe gerichtet und vor Schreck geweitet. Dies mehr oder weniger meine Interpretation. Irgend etwas ganz und gar Unmißverständliches muß mir sein Gesicht jedenfalls befohlen haben. Es stellte sich heraus, daß ihm der Schrecken genauso in die Glieder gefahren war wie mir. Im Bistro gegenüber tranken wir zusammen einen Kaffee. Beruhigungsritual nach der Anspannung.

Was da in meinem Kopf passierte, kann der amerikanische Neurowissenschaftler Joseph LeDoux von der Universität New York erklären. Er entdeckte erst kürzlich die außerordentliche Bedeutung eines tief unter dem Neocortex (Großhirn) angesiedelten Zellknotens, der eigentlich bei allen Gefühlen aktiviert wird und in solchen Notsituationen entscheidend hilft. Man hat ihm wegen seiner Form den Namen Amygdala oder Mandelkern gegeben. Diese Zellformation kann im Fall der Höchstalarmstufe einer Emotion ohne den Umweg über das Großhirn direkt den Befehl zum Handeln geben. Wenn also das Auge (oder das Ohr oder ein anderes Sinnesorgan) das emotionale Signal aufnimmt – hier war es das von Schrecken gezeichnete Gesicht des Entgegenkommenden –, gelangt es sofort in den Thalamus (einen Gefühle weiterleitenden Teil in der Mitte des Gehirns). Der Thalamus »schießt« es dann durch eine einzige Synapse (Kontaktstelle zwischen Nervenzellen) zum Mandelkern, der den Handlungsbefehl über den Hirnstamm gibt, noch bevor die höheren Hirnzentren, beispielsweise der Sehcortex, das Signal erhalten, erkannt, bearbeitet und ihrerseits wieder zum Mandelkern befördert haben. Wir verlieren so keine Zeit, um unser Leben zu retten, und reagieren, auch ohne erkannt und verstanden zu haben, um welche Gefahr es sich handelt. Hinterher haben wir allerdings oft den – unrichtigen – Eindruck, »vernünftig«

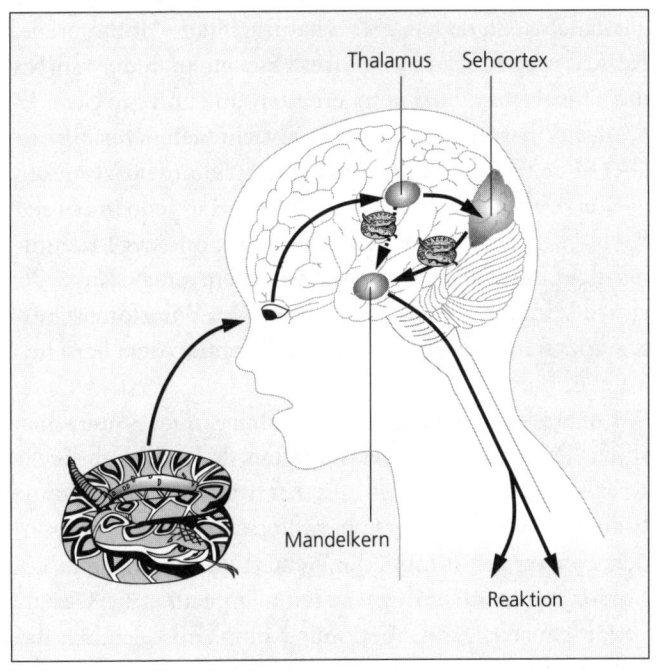

Das Gehirn hat zwei Möglichkeiten, einen Reiz von außen zu verarbeiten: eine schnelle, emotionale, jedoch relativ ungenaue und eine langsamere, bewußte genaue. Ein Sehreiz, z. B. eine Schlange, die ein Wanderer auf seinem Weg entdeckt, geht vom Auge über den Thalamus direkt zur Amygdala (Mandelkern). Seine grobe Information lautet: »längliches gekrümmtes Objekt«. Der Wanderer kann sofort emotional reagieren – mit einem vielleicht lebensrettenden Satz rückwärts. Der zweite, längere Verarbeitungsweg – über die Sehrinde zur Amygdala – bedeutet zwar genaues Erkennen: Schlange oder Ast. Aber kostbare Zeit geht verloren.

entschieden zu haben. Denn natürlich hat – nach unserer Reaktion oder Handlung – inzwischen auch der Cortex das Signal vom Thalamus erhalten und interpretiert. In Wahrheit hat unsere Emotion entschieden – vernünftig, aber mit einer anderen, schnelleren Spielart von Vernunft.

Wenn Emotionen entscheiden, muß es jedoch bei der Richtigkeit der hervorgerufenen Reaktion oder Erkenntnis nicht immer um Schnelligkeit gehen. Auch Dinge, die einige Minuten Zeit haben, können von Emotion oft besser und schneller verstanden werden als vom logischen Verstand.

Ein anderer Schauplatz: Hamburg. Das Geschehen spielt sich in einem dieser glatten, kalten High-Tech-Kreißsäle ab, kein guter Ort für Intuition. Eine junge Frau wird von ihrem ersten, heißersehnten Baby entbunden. Der Termin stimmt, die Wehen wie im Lehrbuch, die Vorsorgeuntersuchungen waren alle positiv, die Geburt verläuft anstrengend, aber ohne Komplikationen. Als das Baby da ist, offensichtlich gesund, wie es sein soll, ist die Mutter noch ein wenig benommen. Ein Mädchen, hört sie, es schreit, also atmet es, und man legt es, mit einer Windel lose umhüllt, auf den Wickeltisch – fast – in Reichweite der Mutter. »Ich hole jetzt den Arzt«, sagt die Hebamme und geht aus dem Zimmer. Wie lange, kann die junge Frau nicht einschätzen. Sie sieht voller Rührung auf die kleinen, roten Füßchen, die neben ihr strampeln. Später kann sie sich nur noch daran erinnern, daß sie bald ein unheimliches Gefühl beschlich. Es verwandelte sich immer mehr in Angst. Sie hatte sich bisher über nichts gewundert, aber plötzlich wußte sie, als ob man es ihr schon gesagt hätte, daß etwas ganz Schlimmes geschehen war. Sie hatte das Gefühl, diesem kleinen Wesen, das vorerst nur aus zappelnden roten Füßchen bestand, helfen zu müssen. Und als der Arzt kam, das Kind schweigend hin und her wendete, hatte sie sich schon gewappnet, das Urteil nicht als endgültig zu akzeptieren. Das Kind habe, teilte man ihr mit, eine schwere, lebensbedrohende Mißbildung. Auch eine – nur wenig wahrscheinlich – erfolgreiche Operation würde ihm nur Chancen mit einer eingeschränkten Lebensqualität lassen. Die Konfrontation mit der Wahrheit war vernichtend und erleichternd: Nun konnte sie mit den in den vorangegangenen Minuten mobilisierten Kräften den Kampf um ihr Kind aufnehmen.

Harmloser: Lisa, zehn Jahre alt, möchte mit ihren zwei besten Freundinnen am nächsten Tag einen Ausflug machen. Wie wohl das Wetter wird, rätseln sie. »Laßt mal, ich muß mich nur konzentrieren«, sagt Lisa. Sitzt und versenkt sich zwei Minuten in sich, denkt. »Ich bin sicher«, verkündet sie dann, »es wird schön.« Für die drei ist es wie ein Spaß. Und tatsächlich wird es schön. Natürlich, findet Lisa, denn aus Erfahrung weiß sie, daß sie ihrer Vorhersage ziemlich gut vertrauen kann. Und sie kann noch mehr. Wenn jemand etwas verloren oder verlegt hat und partout nicht findet, macht sie es genauso. »Laß mich mal versuchen«, sagt sie, konzentriert sich, stellt sich den Gegenstand ganz genau vor und den Ort, an dem er sein könnte, und dann stimmt es – meist – auch wenn die Fundorte ziemlich absurd erscheinen. Später erklärt sie mir, es sei wohl eher so eine Intuition (»nicht Nachdenken«) dafür, was eine Person in Gedanken alles mit einem Schlüsselbund oder einer Brille anstellen konnte. Zum Beispiel den Gegenstand im Kühlschrank zu vergessen oder in der Speisekammer neben dem Marmeladenglas.

Fiktion, aus meinem Gedächtnis zitiert, der Anfang eines Buchs, banal und doch – warum eigentlich? – »geladen«, geht so: Das Päckchen kam am Morgen in braunes Packpapier gewickelt. Die Adresse war mit der Hand geschrieben. – Weiter geht es mit der Tagesordnung eines Kinderpsychologen. Das Päckchen taucht etwa 50 Seiten lang nicht mehr auf, als hätten der Autor und der Empfänger es vergessen. Der Leser hat das nicht. Er weiß vom ersten Satz an, daß da etwas Unheilvolles wartet. Er weiß es, ohne erst darüber nachzudenken, obwohl die Zeilen, die er liest, objektiv nichts Emotionales beinhalten. Emotionen seien um so »zielsicherer«, je weniger sie uns bewußt werden, erklärt LeDoux.

Alltäglich: Zwei Freundinnen, Ines und Hanna, im Café. Die eine wartet auf Hans, einen Bekannten. Er kommt, setzt sich zu ihnen, ist so charmant, freundlich und gut aussehend, wie Ines angekündigt hatte. »Na, wie findest du ihn«, fragt sie erwartungsvoll, als er gegangen ist. »Ehrlich gesagt«, antwortet Hanna, »ich kann ihn nicht ausstehen. Weiß auch nicht, warum.« Es zeigt sich, daß auch er sie nicht mochte, obwohl beide ausgesprochen freundlich und aufmerksam miteinander umgegangen waren. Intuition, Gefühl. Sicher hat hier mehr als bei manchen anderen emotionalen Reaktionen die persönliche Geschichte mit vielen Erfahrungen im Urteil mitgemischt – unbewußt.

»Also nehmen Sie die Stelle an?« fragt der väterliche Abteilungsleiter den Referendar, dem er gerade seinen zukünftigen Arbeitsplatz und die Kollegen vorgestellt hat. Man scheint sich gegenseitig zu gefallen. Der junge Mann hatte schon lange vergeblich nach einer solchen Tätigkeit gesucht. Um so erstaunter hört er sich fast ohne zu zögern antworten: »Nein, ich glaube doch nicht.« Es stellt sich heraus, daß die Abteilung einige Monate später aufgelöst wird. Als er das Amtsgebäude verläßt, findet er seine Voreiligkeit völlig verrückt. Aber irgend etwas sagt ihm, er habe richtig gehandelt. Das nächste Mal hat er mehr Zutrauen, und es klappt mit der Anstellung. Sie erweist sich als besser, als sie sich auf den ersten Blick präsentiert. Und nach einem Jahr bietet sich dem jungen Mann bereits eine Aufstiegschance. Hier scheint jemand den berühmten sechsten Sinn zu haben. Seine Wahrnehmung funktioniert mit höchster Sensibilität, wie die mancher Tiere.

Manche würden all das ganz anders nennen: Spökenkiekerei, zweites Gesicht, Übersinnliches. Doch ganz im Gegenteil. Hier sind reale Sinne, geschärfte Sinne und emotionale Fähigkeiten am Werk, nur anders, als wir selber gewahr werden.

Mit dem Herzen sehen

Da es sich im Folgenden um Gefühle handelt, hoffe ich, daß Sie nun schon mit eigenen Erlebnissen und Erinnerungen »eingestiegen« sind. Bei jedem der vielen Beispiele, die alle eine andere Variante von Verstand »mit Emotion« einsetzen, habe ich mir vorgestellt, was wohl der Leser bei dieser Stelle an vielleicht noch erstaunlicheren Erfahrungen beitragen könnte und bedauert, es nicht zu erfahren. Gefühle und auch Bewußtsein dienen uns schließlich in erster Linie dazu, mit anderen umzugehen, indem wir uns in sie hineinversetzen und ihnen Hilfen geben, wie sie das gleiche bei uns tun können. Wenn ich ein Buch lese, dann rede ich oft in Gedanken mit meinem Gegenüber, dem Autor. Ich stimme ihm zu – »ja, so habe ich es auch verstanden, nur noch nie so klar gesehen« – oder wende ein – »stimmt nicht, denn andere Beobachtungen beweisen das Gegenteil« – und erinnere mich an Beispiele, die seiner Schilderung oder These noch interessante Aspekte hinzufügen könnten. Ich bringe in Gedanken andere Autoren mit ins Gespräch. So stelle ich mir auch gern vor, daß Sie bei diesem Thema, in dem Sie auf andere Weise und mit anderen Erfahrungen als ich Experte sind, mitreden. Ich spüre, wie mir dieses Gefühl Lust macht, Sie auf meinen Gedankenweg mitzunehmen. Vornehmer ausgedrückt, es motiviert mich.

Kein Buch – ob Roman oder wissenschaftliches Sachbuch – wird ohne Emotion geschrieben. Emotion, die sich ebenfalls an den Leser richtet und vielleicht auf ihn überspringt. Journalisten, die sich kurz fassen und gleichzeitig höchstes Interesse wecken müssen, beginnen ihre Berichte oder Analysen gern mit etwas Konkretem, einer kleinen Geschichte oder Anekdote. Sie nennen das »Identifikation herstellen«. Tatsächlich geht es darum, eine gemeinsame emotional-menschliche Ebene herzustellen. So können sich Autor und Leser begegnen.

Intuition – ein Pflänzchen, das gehegt werden will

Zurück zur Intuition: Wir müssen nicht erst erwachsen werden, um dieses feine Gespür »kennenzulernen«. Schon am Lebensanfang bietet es uns einen gewissen Schutz. Babys erkennen sofort – besser als Erwachsene übrigens –, ob jemand herzlich oder heuchlerisch lächelt. Sie mißtrauen einem allzu freundlichen Fremden und fühlen sich zu einem anderen, der sie kaum zu beachten scheint, hingezogen. Sie können solche Unterscheidungen häufig sogar besser treffen als wir, denn sie denken nicht wie wir daran, immer nett zu sein, und mit rationalen Erwägungen haben sie nichts am Hut. Vielleicht gehen sie darum auch so schlafwandlerisch sicher durch manche gefährliche Situation. Ihr Gespür mag manchmal ihr Schutzengel sein.[2]

Einiges davon bleibt auch im Erwachsenenalter noch übrig und funktioniert um so besser, je natürlicher die Umwelt und die menschlichen Beziehungen sind, in denen wir leben. Je verfremdeter, je undurchschaubarer und je unmenschlicher diese Verhältnisse werden, desto leichter versagen Intuition und Spürsinn. Oft machen wir die verwirrende Erfahrung, daß uns unser Gegenüber um so mehr entgleitet, je angestrengter wir versuchen, etwas vernünftig zu erklären – und das heißt für uns doch meistens: logisch und oft sogar abstrakt. Denken Sie daran, wie Sie Ihrer Frau oder Freundin mit einem ziemlich weit ausholenden Vortrag über den Wert unterschiedlicher Interessen und notwendiger Freiräume in einer Beziehung geantwortet haben. Sie hatte nur vorgeschlagen: »Laß uns doch mal wieder in eine Ausstellung gehen und danach noch gemütlich einen Kaffee bei Bobby Reich trinken.« Sie jedoch hatten andere Pläne, mußten noch mal ins Büro. Bei Ihren wortreichen Auslassungen schien Ihre Frau bald nicht mehr zuzuhören. Sah sie nicht irgendwie traurig aus? War das nicht eine deutlichere Sprache als Ihre Erklärungen? Oder haben Sie es gar nicht bemerkt?

Auch ein Baby schaut desinteressiert weg, wenn seine Mutter besonders viel auf es einredet. Je intellektueller sie es anspricht, desto weniger reagiert es. Es ist, als wollten das Kind oder unser erwachsener Gesprächspartner uns zu verstehen geben: »Warum redest du so viel und klug daher, drück dich doch ein bißchen menschlicher aus!« Eigentlich meinen sie eher: »Fühl doch mit mir.«

Manchen scheint »in Abstimmung auf den anderen« zu kommunizieren und zu handeln schwerzufallen. Intuition, Feingespür lassen sich nicht befehlen. Der Autor des Buchs *Der kleine Prinz*, Antoine de Saint-Exupéry, nennt es »mit dem Herzen sehen«. Wenn uns dies in einer Beziehung oder mit unseren Kindern nicht gelingt, verstricken wir uns in endlose, nervenaufreibende Diskussionen. Die beste Partnerberatung, ja sogar die beste Managerschulung sind nichts wert ohne diese Fähigkeit. Sie wird uns zwar in die Wiege gelegt, siecht jedoch früh dahin, wenn sie nicht im Kreis liebevoller Menschen ausreichend mit ermutigenden Erfahrungen genährt wird. Tatsächlich kann sich diese Gabe nicht entwickeln, sie verhungert regelrecht, wenn sie nicht frühzeitig und regelmäßig Nahrung bekommt.

Mit anderen Worten: Wenn ich nicht erleben kann, daß andere auf meinen Hunger, auf meine Schmerzen, auf mein Bedürfnis nach sozialem Austausch reagieren, daß sie angemessen und sofort reagieren, dann stelle ich nach einer Weile meine Appelle ein. Sie nützen ja doch nichts. Ich gebe auf. So wie vielleicht Ihre Frau oder Ihr Sohn. Sind die beiden nicht ein bißchen stumm geworden in letzter Zeit?

Wenn Signale dagegen richtig beantwortet werden, bekomme ich nach und nach ein Gespür für die Menschen, mit denen ich zu tun habe und finde heraus, was ich von ihnen, je nach ihren Eigenarten, erwarten kann. Ich fühle mich ermutigt, meine Signale nicht mehr nur auf existentielle Bedürfnisse zu beschränken, sondern sie auch zu verfeinern. Das heißt, ich schreie nicht einfach »Aua!« oder »Hunger!« oder »Haben!«, ich schlage und schieße nicht, sondern drücke genauer aus, was mir fehlt und wie ich mich dabei fühle. Mein Gegenüber reagiert wiederum angemessen, und ich finde so – mehr oder weniger unbewußt – noch viel mehr über ihn und andere heraus.

Das Verkümmern einer solchen Abstimmung auf andere dagegen können wir bei Menschen beobachten, die sich ständig »anblaffen«, die mit ihren Kindern und Partnern nur im Befehlston reden oder schreien und »draufhauen«, wenn sie sich nicht verstanden fühlen oder andere nicht verstehen. Ihre Erwartungen an Menschen sind häufig von früh an so verzerrt und negativ, daß ihre Intuition vollkommen verschüttet scheint.

Den meisten von uns jedoch geht es anders: Wenn wir einem Unbekannten zum ersten Mal begegnen, ihm die Hand geben, seinen Blick kreuzen, wissen wir fast alle innerhalb eines Augenblicks, ob er uns sympathisch ist oder nicht. Wenn ein Angestellter zu seinem Chef gerufen wird, weiß er schon, wenn er die Bürotür öffnet, ob ihn eine gute oder schlechte Nachricht erwartet. Allerdings wird sein spontaner Eindruck auch von seiner Grunderwartung gefärbt. Wenn ein Freund am Telefon auch nur »Hallo« gesagt hat, hören wir schon, ob er fröhlich oder deprimiert ist. Eine Krankenschwester, die am Bett eines Sterbenden sitzt, der schon lange nicht mehr »da« zu sein scheint, fühlt genau: Er wartet noch auf seine Frau, dann erst kann er sterben. Und so ist es dann auch. Ein erfahrener Arzt, der mit winzigen Frühgeborenen umgehen muß, die noch nicht mit Worten sagen können, wie es ihnen geht, kann vom ersten Moment an zumindest grob einschätzen: Diesem Kind geht es gut und diesem nicht. Auch später, wenn er vertrauter mit seinem kleinen Patienten geworden ist, muß er oft lebenswichtige Entscheidungen treffen, ohne sich allein auf rationale Überlegungen stützen zu können.

Woher weiß er zum Beispiel, wann ein solches Baby soweit ist, daß es allein, ohne künstliche Beatmung zurechtkommt? »Schwer zu erklären«, sagt einer, der solche Entscheidungen fast täglich treffen muß. »Erfahrung und Kommunikation mit dem kleinen Patienten sind das Wichtigste.« Kommunikation mit einem Frühgeborenen! Natürlich stützt er sich auch auf die gemessenen biologischen Werte und von Apparaten übermittelten Daten. Doch sie allein reichen nicht, um eine so folgenreiche

Entscheidung zu treffen. Der letzte Schritt ist nur in engem aufmerksamen Kontakt und einer stummen Zwiesprache mit dem Baby möglich. Er erfordert ein besonderes Gespür. Ein Neugeborenenspezialist: »Ich schaue morgens zu dem Baby in den Brutkasten hinein, und dann teilt es mir mit, ob ich es wagen kann.« Die Informationen, die er von diesem Kind erhält, kommen zum großen Teil unbewußt, intuitiv herüber – eine Vielfalt von Signalen, die sonst nur feinfühlige Eltern wahrnehmen: Wärme oder Kälte und Farbe der Haut, Muskelspannung, die Haltung der Händchen und des ganzen Körpers und nicht zuletzt der Gesichtsausdruck.

Doch wie erkennen wir untereinander, was die aufgenommenen Signale bedeuten – noch bevor wir auch nur eine einzige rationale Erwägung anstellen können? Ob Abstand oder Nähe, ob Handeln oder Abwarten, ob Vertrauen oder Mißtrauen, ob Vorpreschen oder Vorsicht angeraten ist? Was für Antennen haben wir, die uns in Sekunden eindeutige und häufig erstaunlich verläßliche Informationen zuspielen, die wir außerdem noch blitzschnell verstehen? Und die uns handeln lassen, noch bevor wir überhaupt merken, daß wir sie verstanden haben. Merkwürdig: Auf solche Entscheidungen können wir uns häufig besser verlassen als auf andere, aus langem Überlegen gewonnene.

Sind es unsere Wahrnehmungen, unser wacher Verstand oder unser Gefühl, das heißt, unsere Sensibilität, das, was wir unseren Riecher nennen?

Wie sind Eltern eigentlich im Umgang mit ihren Babys fähig, tausend unterschiedliche blitzschnelle Entscheidungen zu treffen, die überraschend häufig auch noch die bestmöglichen sind? Ihr Verstand liefert erst später, wie wissenschaftliche Untersuchungen ganz klar aufgezeigt haben, »vernünftige« Erklärungen nach. Und diese sind häufig nachweisbar falsch. Das heißt, sie entsprechen nicht dem wirklichen Grund für ihr Handeln. Die Mütter und Väter haben das Richtige getan, ohne erst darüber nachdenken zu müssen. Sie haben aber den Eindruck, daß es umgekehrt war. Wahrscheinlich verfügen Eltern über eine besondere Art jener Notschaltungen, die wir oben erwähnt haben.[3]

Wie wir – ohne es zu wissen – schnell eine Wahl treffen

Im Grunde geht es bei allen Beispielen, die bisher genannt wurden, um Entscheidungen, so oder so oder anders zu handeln. Wir sind es jedoch gewohnt, uns unter Entscheidungen etwas ganz anderes, vor allem von Rationalität Bestimmtes vorzustellen. Wir meinen, wir denken erst und entscheiden oder handeln dann. Dies stimmt aber nur zum Teil und viel weniger, als man annehmen sollte, wie die Arbeiten moderner Neurowissenschaftler zeigen (z. B. Amos Tversky und Stuart Sutherland, Antonio R. Damasio und Joseph LeDoux).

Nicht, daß Bewußt-Rationales einerseits oder Irrationales andererseits entweder positiv oder auch negativ wirkten. Beide spielen uns ganz und gar unerwünschte Streiche, aber lassen uns auch Leistungen vollbringen, die wir manchmal selber kaum für möglich halten. Der Physiker und Biologe Leo Szilard glaubt, Intuition sei auch bei einem Naturwissenschaftler ein wesentlicher Antrieb. Darin gleiche er einem Künstler oder Dichter. Zwar brauche er logisches Denken und die Fähigkeit zu analysieren. Aber beides sei bei weitem nicht ausreichend für eine kreative Forschung. »Neue Ideen, die zu großen Durchbrüchen geführt haben, werden nicht logisch aus vorher existierendem Wissen abgeleitet: Die kreativen Prozesse, auf denen der wissenschaftliche Fortschritt basiert, spielen sich auf einer unbewußten Ebene ab.«[4]

Das Beispiel des Arztes, der lebenswichtige Entscheidungen treffen muß – sogar, ohne daß ihm der Patient sagen kann, wie er sich fühlt –, zeigt das ganz deutlich. Wenn wir uns in seine Lage versetzen, können wir verstehen, daß er in einer solchen Situation überhaupt nicht alle Gegebenheiten und Auswirkungen abwägen kann, selbst wenn er dazu sehr lange Zeit hätte. Seine Monitore und anderen Meßgeräte können ihm noch so viele detaillierte Daten liefern: Auswerten, interpretieren und ihre Aussage für die Zukunft des Patienten einschätzen, das alles bleibt ihm nicht erspart. Dabei ist er auf seine Erfahrungen aus vielen »Fällen« angewiesen, die niemals ganz und gar gleich waren, und sein besonderes, je nach der gewissen persönlichen Begabung ausgebildetes Gespür. Eine Entscheidung wie zum Beispiel »Sofort operieren oder noch abwarten?« muß er gerade in bedrohlichen Situationen oft »aus dem Bauch« treffen. Die Eltern, die mit einem Baby umgehen und sich auf minuten-, ja sekundenschnelle Veränderungen in seinem Verhalten einstellen müssen, könnten gar nicht erst alle Möglichkeiten, um es »richtig« zu machen, in Betracht ziehen. Die Folge wäre ein totales Chaos: Bevor sie noch auf eine Situation angemessen geantwortet hätten, würde das Baby sie schon wieder mit etwas anderem konfrontieren.[5] Vielleicht fiele es in den Brunnen, noch bevor sie entschieden hätten, ob sie ihm erlauben sollten, selbständig seine Umgebung zu erkunden oder nicht. Versuchten sie das, gerieten sowohl sie als auch das Kind vollkommen aus dem Takt. Die harmonische gemeinsame Choreographie wäre nur noch ein Herumstolpern. Das Baby wäre völlig unsicher und verstünde die Welt nicht mehr. Denn die Mutter handelt ja nun nicht mehr so, wie es seinen Empfindungen angemessen ist und nicht mehr vorhersehbar. Sie geriete statt dessen angesichts eines nur noch schreienden verzweifelten Kindes in Panik. Mit der Vernunft wäre es dann erst recht vorbei. Wenn jemand vor unseren Augen zu ertrinken droht, haben wir keine Zeit abzuwägen, wieviel Chancen unser Rettungsversuch hat. Wir müssen handeln.

Unzählige solcher Beispiele zeigen, welche Rolle Intuition in vernünftigen Handlungen spielt. Mit welcher Selbstverständlichkeit sie überall präsent ist. Intuition scheint selber eine Form von Vernunft zu sein. Das gilt allgemein in unserem Umgang mit nahestehenden Menschen, aber auch mit fremden Sozialpartnern. Wir brauchen mehr als die ausgezeichnete Fähigkeit, abzuwägen und zu analysieren. Blitzschnelle Entscheidungen (und nicht nur die) wie »sympathisch« oder »unsympathisch«, »harmlos« oder »gefährlich«, »Nähe suchen« oder »Kontakt meiden« wären mit den Instrumenten Abwägen und Analysieren überhaupt nicht zu verwirklichen. Die Vielfalt der denkbaren Handlungsmöglichkeiten und Probleme ist einfach zu überwältigend. Nicht zu vergessen all ihre denkbaren Konsequenzen für die Zukunft – zum Beispiel bei einem Geschäft, in einem Arbeitsverhältnis, bei einem Vertragsabschluß, aber auch in banaleren, alltäglichen Situationen. Wir kämen überhaupt nicht mehr zum Handeln, wenn wir alles so kühl bedächten, wie wir uns gern vormachen.

Ein berühmter Mathematiker, Jules Henri Poincaré, erklärte Anfang des Jahrhunderts, warum das gleiche Phänomen auch in abstraktesten Denkvorgängen eine Rolle spielt: Er fragte, was denn eigentlich eine mathematische Neuentdeckung oder Erkenntnis sei? »Sie besteht nicht darin, neue Kombinationen mit mathematischen Bekannten aufzustellen. Das könnte jeder. Aber die Kombinationen, die man so bilden könnte, wären unendlich viele.« Erfinden bestünde gerade darin, daß man überflüssige Kombinationen gleich vermeidet und nur diejenigen – sehr wenige – ausbaut, die von Nutzen sind. Sterile, aussichtslose Möglichkeiten kämen dem hervorragenden Entdecker erst gar nicht in den Sinn. Erfinden, entdecken hieße eine Wahl treffen.

Der amerikanische Neuropsychiater Antonio R. Damasio, der die Abteilung für Neurologie an der Universität Iowa leitet und am Institut für Biologie in La Jolla (Kalifornien) unterrichtet, vertritt eine ähnliche Auffassung, wenn er kommentiert: Wir müßten bei einer Entscheidung (dem, was Poincaré »Wahl« nennt) keineswegs alle hypothetischen Möglichkeiten einer logischen Prüfung unterziehen. Es gebe in uns wie von irgendwoher eine geheime Vorauswahl, die uns zu Hilfe komme – oder auch nicht. »Ein biologischer Mechanismus sorgt dafür, untersucht alle Kandidaten und erlaubt nur einer kleinen Zahl, sich fürs Abschlußexamen vorzustellen.«[6]

Ist Verstand dann tatsächlich das, was wir denken? Sicher nicht. Zwar bringt man uns von Kindesbeinen an bei, wenn es um sehr wichtige, konsequenzenreiche Entscheidungen ginge, sollten wir alle Emotionen beiseite lassen. Eine solche Tradition hatte in dem jungen Damasio die Überzeugung reifen lassen, daß Verstand und Emotion in unserem Gehirn zwei unterschiedliche, ja unabhängige neuronale Bahnen benutzten. Er wurde bald eines Besseren belehrt. Und sogar wir selber finden auf einer weniger wissenschaftlichen Ebene schnell heraus: Sogenannte vernünftige Entscheidungen basieren viel mehr auf Intuition, als wir ahnen. Kalte Rationalität ist selten klug.

Hier noch eine kleine Anekdote, die mir manches klarer gemacht hat: Ein Spaziergänger trifft am Strand des Pazifiks in Südkalifornien auf einen Mann, dem er eine Weile zusieht, wie er Fische, von der Flut massenhaft ans Ufer gespült und in Atemnot verendend, ins Meer zurückwirft. Unermüdlich wiederholt er seine Handlung. Der Spaziergänger spricht ihn an: »Sag mal, warum tust du das? Da liegen doch Tausende von Fischen, und du kannst damit nie fertig werden, bevor sie alle verendet sind. Ist doch völlig sinnlos. Was macht es eigentlich für einen Unterschied?« Der Mann läßt sich nicht beirren. Während er einen der noch lebenden Fische in sein Element zurückwirft, sagt er: »Für den da macht es schon einen Unterschied.«

Da gab es eine Wahl: Der emotionslose Verstand gab zu bedenken: »Sinnloses Unterfangen.« Die aus Gefühl, Mitgefühl, geborene Vernunft jedoch ermutigte: »Dem da kann ich immerhin das Leben retten.«

Nächtliche Eingebungen

Der amerikanische Hirnforscher und »Erfinder« des folgenreichen Modells vom »Dreieinigen Gehirn«, Paul D. MacLean, meint, Emotionales mische sich auch noch in die abstraktesten wissenschaftlichen Arbeiten – als Motor, Motivation, aber auch Richtung und Farbe gebend. Albert Einstein trieben Neugier und Vergnügen – also Gefühl – zu seinen mathematischen Denkspielen. Viele Wissenschaftler berichten, wie Intuition, ja manchmal auch eine plötzliche nächtliche Eingebung sie auf den richtigen Weg gebracht hätten. Nach vielen erfolglosen Versuchen wurden sie unversehens gewahr, welches wichtige Element sie bisher immer wieder übersehen hatten.

Der Morgen ist klüger als der Abend, sagen die Russen, und die Franzosen: »La nuit porte conseil« – Die Nacht bringt Rat. Da scheint also etwas zu reifen. Während wir schlafen und unsere Träume so bizarre, unlogische, jedoch fast immer emotional geprägte Spiele mit uns treiben, geschehen in unserem Kopf offenbar wichtige Dinge im Dienst der Vernunft. Denn wenn wir uns abends mit einem ungelösten Problem hingelegt haben, mag es uns am Morgen ganz klar und lösbar erscheinen. Dem Schriftsteller präsentiert sich die gesuchte Formulierung. Der Künstler, der am Abend entmutigt dachte, »hier komme ich nicht weiter«, kann inspiriert wieder an die Arbeit gehen – ganz anders als geplant vielleicht. Das Lehrbuch unter das Kopfkissen legen hat zwar noch keinem faulen Schüler geholfen – vielleicht haben Sie es als Kind mal ausprobiert –, aber Themen, Gedanken, nicht beherrschbare Situationen, die uns tagsüber beschäftigt haben, profitieren vom Schlaf. Unmittelbar vor dem Einschlafen Gelesenes oder Gedachtes jedoch entschwebt in Morpheus Armen ins Vergessen, ebenso die oft – zumindest scheinbar – hervorragenden Ideen, die uns beim Kurzerwachen zwischen zwei Schlafphasen zu Genies machen. (Wer auf diese nächtlichen Inspirationen Wert legt, sollte sich Papier und Stift neben das Bett legen.) Der Schlaf mit seinem Versinken in emotional phantasievolle Träume hilft sowohl dem Ordnen und Speichern von Erfahrenem und Gedachtem, als auch dem Vergessen. Das Unwichtige wird gelöscht. Und vielleicht ist gerade dieser doppelte Prozeß von Speichern und Aussortieren (der amerikanische Schlafforscher J. Allan Hobson spricht von einer »Zweibahnstraße«) so wichtig, damit wir morgens klarer sehen, was am Nachmittag davor noch verworren erschien. Das Vergessen bzw. Aussortieren ist dabei nicht unwichtiger als das Speichern. Möglicherweise basiert die erstaunliche Fähigkeit eines Mathematikgenies oder eines Erfinders, spontan nur wenige Kombinationen für seine Endüberlegung auszuwählen, auf diesem doppelten Prozeß, für den der Schlaf so wichtig ist. Das Merkwürdige: Wir machen dabei keine bewußte Denkanstrengung. Wenn wir jedoch eine Aufzeichnung der Hirnströme (Elektroenzephalogramm) während des Schlafs betrachten, finden wir schwarz auf weiß den Beweis, daß da – vor allem in den intensiven Traumphasen des REM(Rapid Eye Movement)-Schlafs eine rege Aktivität herrscht, vergleichbar der des Wachzustands. Ihm ebenfalls vergleichbar ist der Energieverbrauch. Ja, und Sie dachten, im Schlaf erholen Sie sich! Das tun Sie auch, allerdings anders als Sie meinten und als sich noch vor gar nicht so langer Zeit die Schlafforscher vorstellten. Aber das ist eine andere Geschichte. Nur: Die Geschichten unseres »Körper-Gehirns« haben eben alle etwas miteinander zu tun.

Emotion – ein übergeordnetes System

Doch was ist der Stoff, aus dem solche Intuitionen sind, diese Substanz, die wir sowohl mit Babys als auch Philosophen und Forschern teilen? Ist es, wie der amerikanische Wissenschaftsjournalist Daniel Goleman es nennt, »emotional intelligence«, also eine besondere Art der Intelligenz, nämlich die, die eher emotional gefärbt ist?[7] Dann gäbe es zwei Formen von Verstand. Nach MacLean und anderen modernen Hirnforschern, Neuropsychiatern und sogar einigen Neuro- und Molekularbiologen ist jedoch Verstand immer von Emotion mitbestimmt.

Trotzdem ist Emotion nicht zwangsläufig vernünftig. Sie mischt jedoch immer mit, wenn wir handeln oder denken. Von Vernunft dagegen kann man das nicht behaupten. So scheinen unsere Emotionen also das übergeordnete System zu sein. Diese Auffassung vertritt der Wissenschaftler LeDoux.

Was Verstand ohne Emotionen wert ist, können uns Forscher und Ärzte, die täglich in die Köpfe von Menschen hineinschauen, erklären. Sie verfügen dazu heute über beeindruckende »bildgebende Techniken«, mit denen man bisher geheime, nicht sichtbare Vorgänge in unserem Hirn beobachten kann. Sie sind jedoch nur Hilfsmittel, besonders elaborierte Werkzeuge, die bei weitem nicht ausreichen, um unser Verhalten oder unseren Geist annähernd zu verstehen. Dazu braucht es die menschliche Erfahrung und das Wissen eines Spezialisten, in dessen eigenem Gehirn die neueste Forschung präsent ist, der genügend Phantasie und Kreativität hat, um einen »Fall« oder ein Phänomen vor diesem Hintergrund zu interpretieren, der gleichzeitig etwas von einem Philosophen hat und der, besonders wichtig, gut zuhören und beobachten kann. Und schließlich: Ohne menschliche Anteilnahme am Schicksal seiner Patienten wird er nicht auskommen.

Besuchen wir einen von ihnen, den wir schon flüchtig kennengelernt haben. Kommen Sie mit auf eine Reise nach Iowa. Auch wenn Sie noch nie in diesem amerikanischen Bundesstaat waren, wird Ihr »Geist-Gefühl« jetzt sofort Phantasiebilder produzieren, eine bestimmte Atmosphäre und Erwartung hervorrufen. Sie setzen frühere Erfahrungen, vielleicht Kinoerlebnisse ein, um sich irgendein vages Bild zu machen. Bei mir werden Bilder aus einem amerikanischen Film wach, obwohl sie aus der Umgebung von New York oder Montana stammen. Einige kleine genauere Details mischen sich in diese Szenerie – eine spitze Holzkirche, eine weite Schneelandschaft oder endlose Maisfelder, klirrende Kälte oder warmer Sommerwind und Sonnenschein. So oder ganz anders – Ihrer, meiner eigenen Geschichte gemäß. Es geht hier gar nicht darum, ob diese Bilder der Wirklichkeit entsprechen. Es geht nur darum, daß sie sofort da sind. Bildhafte Vorstellungen und erinnerte Sinneserlebnisse, die so assoziativ zu einem Begriff auftauchen, kommen von irgendwoher aus unserem Gedächtnis. Sie sind emotional gefärbt. Wie auch immer, Sie können gar nicht anders, als sich irgend etwas vorzustellen, das sich mit ganz bestimmten Gefühlen verbindet – und Ihr Interesse beflügelt. Weit weg. In einer Welt, die anders ist als Ihre Stadt und Ihre Nachbarschaft.

Und nun begeben wir uns in ein Forschungsinstitut der Universität, in die Abteilung für Neurologie.

Ein freundlicher, schlanker Herr mit grauem Haar und einem Blick, in dem sich Wärme und Humor mischen, lädt uns ein, Platz zu nehmen: Es ist Antonio Damasio, der Leiter dieses Instituts, weltweit bekannt wegen seiner Forschungsarbeiten über die Folgen von Hirnläsionen – Verletzungen des Gehirns durch Unfälle, Tumoren und Operationen.

Zur merkwürdigen Verstrickung von Verstand und Emotion kann er lange berichten, vor allem Geschichten erzählen. Mit der eindrucksvollsten hält er nicht hinter dem Berg. Sie können Sie in seinem Buch *Descartes' Irrtum* in aller Ausführlichkeit nachlesen.

Es ist eine Geschichte, wie nur Hirnspezialisten sie erzählen können. Sie handelt von einem Mann in den besten Jahren, den Damasio gemeinsam mit seiner Frau Hanna, einer am gleichen Institut arbeitenden Hirnphysiologin, untersuchte. Damasio nennt ihn Elliot. Solchen Elliots begegnen Sie und ich gelegentlich im ganz alltäglichen Leben.

Elliot, etwa dreißigjährig, präsentierte sich eines Tages in seiner Sprechstunde – ein charmanter, intelligenter Mann ohne irgendwelche erkennbaren Absonderlichkeiten. Er war schon bei verschiedenen Ärzten gewesen, denn in seiner Persönlichkeit hatte sich ein geheimnisvoller Wandel mit katastrophalen Auswirkungen vollzogen. Geheimnisvoll, weil niemand, auch nicht die Spezialisten, sagen konnten, worin er eigentlich bestand. Und doch hatten ihn seine Kollegen, Freunde und seine Familie ganz deutlich bemerkt. Der Wandel war nach der operativen Entfernung eines großen Hirntumors im vorderen Großhirn aufgetreten. Obwohl der Tumor gutartig war, hatte es sich nicht vermeiden lassen, einiges von dem umgebenden Hirngewebe – und zwar vor allem in der rechten Hemisphäre (Hirnhälfte) – mitzuentfernen. Elliot hatte sich danach erstaunlich gut erholt, seine Gesundheit schien ebenso wie seine geistigen Fähigkeiten und seine Sprache vollkommen hergestellt. Er konnte seine Arbeit wieder aufnehmen. Erst nach und nach bemerkte man, daß er nach seiner Operation gewisse Absonderlichkeiten zeigte: Er konnte zum Beispiel bei bestimmten Tätigkeiten, die er mit größter Umsicht und Intelligenz ausführte, einfach steckenbleiben. Manchmal vertiefte er sich einen ganzen Tag lang in die Lektüre irgendeines Dokuments, das er eigentlich nur einordnen wollte. Es kam ihm nicht in den Sinn, daß er sein Ziel oft ganz und gar aus dem Auge verlor.

Am auffälligsten war seine neuerdings vollkommene Unfähigkeit, irgendwelche Entscheidungen zu treffen. Er konnte nicht einmal mehr seine Tagesaktivitäten vernünftig planen. Sorglos, ja leichtsinnig stürzte er sich in risikoreiche finanzielle Spekulationen und verlor sein ganzes Vermögen. Weder seine Frau und Kinder, noch seine Freunde konnten begreifen, wie ein so gut informierter

Mann so unvernünftig handeln konnte. Sie trennten sich von ihm. Eine zweite Ehe scheiterte. Und das neueste Desaster für ihn: Nachdem seine Firma ihn entlassen hatte, wurde ihm die Invaliditätsrente versagt. Denn kein Arzt konnte irgendwelche Anzeichen von Pathologie in ihm entdecken. Elliot schien geistig und körperlich gesund. Man begann ihn für einen Simulanten zu halten.

Damasio kam seinem Leiden erst nach wochenlangen Untersuchungen und Testreihen, die der seltsame Patient alle ohne Befund absolvierte, auf die Spur.

Das Wichtigste, wie sich später erwies, hatte der Spezialist schon bei der ersten Begegnung ganz spontan bemerkt, es war jedoch aufgrund all der anderen Fähigkeiten und des sympathischen Auftretens dieses Mannes in den Hintergrund gerückt: Elliot war emotional übertrieben kontrolliert. Er schien kühl, »abgehoben«, und ließ sich auch durch die unangenehmsten persönlichen Fragen in keiner Weise in Verlegenheit bringen. Sein tragisches Schicksal schilderte er freundlich unbewegt, so als hätte er gar nichts damit zu tun. Damasio sagt, es bewegte ihn, den Arzt, mehr, sogar wenn er nur daran dachte, als seinen Patienten selber.

Computertomographische Untersuchungen ergaben, daß er durch den Tumor und die Operation zwar nur sehr wenig »Masse« des betroffenen Hirnbereichs eingebüßt hatte, daß ihm hingegen ein großer Teil der Funktionen verlorengegangen war, die bei oberflächlicher Betrachtung nur niemand vermißte. Das Gehirn sei eben mehr als »ein großer Haufen von Neuronen«, erklärt der amerikanische Forscher. Offensichtlich waren gerade die zerstörten Hirnregionen notwendig, um Entscheidungen treffen zu können. Selbst wenn der Verstand vollkommen in der Lage war, alle dazu notwendigen Überlegungen anzustellen, es fehlte das gewisse Etwas, das ihm genügend Antrieb gab, um diese Überlegungen in einer Entscheidung zur Ausführung zu bringen. Und dieses gewisse Etwas fehlte auch, um ihn an irgendeinem menschlichen Schicksal, einschließlich seinem eigenen, Anteil nehmen zu lassen. Trotz seiner unerschütterlichen Freundlichkeit und Gelassenheit (oder gerade wegen ihr) konnten weder seine Familie noch seine Freunde damit umgehen.

Den Aufschluß brachte schließlich ein Bildertest: Als man Elliot Fotos von Schwerverletzten, Gefolterten oder schlimm zugerichteten Leichen zeigte, blieb er ohne jede Reaktion. Sie ließen ihn ungleich anderen Betrachtern völlig kalt. Erstaunlicherweise konnte er sich erinnern, daß er vor seiner Operation ganz anders reagiert hatte.

»Schuldspruch« für psychisch, »Freispruch« für körperlich Kranke

Der Neuropsychiater war über diese Einsicht überrascht, ebenso wie über die Tatsache, daß Elliots Gedächtnis genauso hervorragend funktionierte wie seine Intelligenz. In den betreffenden Tests schnitt er sogar überdurchschnittlich gut ab. Andere Spezialisten hatten deshalb gemeint, sein soziales Defizit sei »psychisch« begründet und ließe sich mit einer Psychotherapie behandeln. Diese jedoch bewirkte nicht die geringste Änderung.

Damasio bedauert, daß Ärzte und Wissenschaftler immer noch zwischen »neurologisch« und »psychologisch« unterscheiden, zwischen Hirnschädigungen und Geisteskrankheiten. In dieser unglückseligen Trennung zwischen dem Organ (dem Körperorgan!) Gehirn und dem Geist zeige sich ein tiefes Mißverständnis. So habe man aufgrund dieses Mißverständnisses zwar Menschen mit Hirnerkrankungen oder -verletzungen von der Verantwortung für ihr Leiden freigesprochen, psychisch Kranke jedoch, und vor allem die in ihren emotionalen Beziehungen stark Gestörten, für dafür verantwortlich erklärt. Man hat ihnen Willenlosigkeit und einen schwachen Charakter vorgehalten. »Falsch«, erklärt Damasio. Das Körperorgan Gehirn ist immer betroffen, wenn solche Störungen auftreten. Die Pathologie betrifft nicht nur das Verhalten, sondern auch das Organ.

So kam es dazu, daß die Intelligenz- und Gedächtnistests alle untersuchenden Ärzte in die Irre führten. Doch Damasio sagt, nicht die Patienten seien das Problem, sondern die Tests. Die Tests vernachlässigten einen wesentlichen Bereich der Vernunft. Sie konnten den Verstandesbereich, der bei Elliot doch so wichtig für seinen Beruf und sein Leben war, weder berühren noch einkreisen.

Erst der Bildertest mit den emotional geladenen Situationen brachte ans Licht, was der Arzt schon bei seinem ersten Gespräch konstatiert hatte. Elliot fehlte eine wichtige Funktion seines scheinbar so wunderbar intakten Verstandes: die emotionale. Obwohl er weder unwissend noch dumm war, benahm er sich oft so, als wäre er es. Ohne Emotionen war sein Verstand einfach nicht »operational«. Er konnte ihn nicht sinnvoll einsetzen.

Sollte uns das nicht zu denken geben, wenn jemand uns auffordert: »Nun denk doch mal ganz emotionslos nach!« Das Resultat kann, wie Elliots Beispiel zeigt, ein Desaster sein. Gott sei Dank wird es uns wohl nicht passieren, denn wir können der Empfehlung einfach nicht folgen. Ob wir es wollen oder nicht, Emotionen sind an unseren Denkvorgängen immer mit beteiligt.

Der Forscher war selbst einigermaßen erstaunt über das Krankheitsbild, das sich abzeichnete. Werden Gefühle nicht ganz anderen Hirnbereichen, die mitten in der Tiefe unseres Kopfs sitzen, zugeordnet? Daß auf einmal ein Bereich, der stark bei Intelligenz-, Sprach- und Gedächtnisleistungen beteiligt war, in so entscheidender Weise dafür verantwortlich wurde, mußte überraschen. Damasio nahm es zum Anlaß, einen neuen, außerordentlich aufschlußreichen Weg in der Hirnforschung zu gehen. Nach Elliot präsentierten sich ihm noch eine Reihe anderer Patienten mit ganz ähnlichen Merkwürdigkeiten. Das Resultat war sein wissenschaftlich revolutionäres Buch *Descartes' Irrtum.*

Der Wissenschaftler fragte sich, ob noch andere Hirnareale, auch außerhalb des präfrontalen Cortex, ähnliche Probleme wie bei diesem Patienten hervorrufen würden, wenn bestimmte Funktionen ausfielen oder gestört waren. Anders ausgedrückt: Gab es im Gehirn noch weitere Bereiche, in denen Verstand und Emotion zu gemeinsamen Aktionen zusammentrafen wie in sozialen Verhaltensweisen oder bei Entscheidungen?

Das Ergebnis seiner Beobachtungen bei anderen Patienten lautete: Ja. Es stellte sich heraus, daß der Verstand nur behindert arbeitete, wenn Zonen der rechten Hirnhälfte Schädigungen erlitten hatten, in denen Informationen aus dem Körperinneren verarbeitet werden, und wenn Strukturen des sogenannten limbischen Systems, vor allem des Mandelkerns, betroffen waren.

Merkwürdig: Obwohl man noch vor dem Ende des letzten Jahrhunderts schon so etwas wie eine Landkarte der Gehirnbereiche nach ihren Funktionen entworfen hatte, interessierten sich Neurologen lange danach eigentlich vorwiegend für die linke Hirnhemisphäre. Angefangen hatte es damit, daß 1861 der französische Wissenschaftler Paul Broca herausgefunden hatte, daß Menschen mit spezifischen linksseitigen Hirnverletzungen unter Sprachverlust (Aphasie) leiden. Es war wie ein Ritterschlag für diese Hemisphäre. In der Folgezeit lokalisierte man in ihr noch andere Funktionen der Intelligenz. Die rechte Hirnhälfte wurde als unbedeutender angesehen, nicht zuletzt, weil es dort viel schwieriger war, die Folgen von Verletzungen lokal genau zuzuordnen. Außerdem waren die sie begleitenden Syndrome nicht so klar unterscheidbar. So galt diese Hirnseite als primitiver. Die noble, der man das fast ungeteilte Interesse widmete, war die linke. Für jede einzelne Darstellung eines Rechtshemisphären-Syndroms fände man tausend Darstellungen von Störungen der linken Hemisphäre in der neurologischen Literatur, beklagt der amerikanische Neurologe Oliver Sacks.

Tatsächlich ist dieser von den Forschern geadelte Bereich die letzte Vervollkommnung, die das Säugergehirn im Laufe der Evolution – bisher – erfuhr. Es ist eine letzte Verfeinerung des Primatengehirns.

In der Euphorie über diese spezifisch menschliche Errungenschaft verlor man wohl ein wenig aus den Augen, daß ohne die vernachlässigte, rechte Seite des Gehirns eigentlich nichts ging: Denn diese Hemisphäre kontrolliere, wie Oliver Sacks erklärt, unsere entscheidenden Fähigkeiten, die Wirklichkeit zu erkennen, ohne die kein Lebewesen überleben könne. Die moderne Neurologie, beginnend mit dem berühmten Russen A. R. Lurija, hat gezeigt, daß dieses »Dachstübchen« keine Rumpelkammer ist. Hier werden keine ausrangierten, überflüssigen Sachen aufbewahrt. Dagegen beherbergt es die unverzichtbaren Funktionen, ohne die wir unsere Identität, jenes Undefinierbare, das unser »Selbst« ausmacht, nicht aufrechterhalten könnten.

Was passiert, wenn solche rechtsseitig gesteuerten Funktionen ausfallen, schildert Sacks am Schicksal eines Patienten. Dieser Mann, ein ausgezeichneter Musiker und

Lehrer an einem englischen Konservatorium, hatte aufgrund eines rechtsseitigen Hirntumors die Fähigkeit verloren, Gesichtsausdrücke, ja sogar Gesichter überhaupt zu erkennen. Es war ihm nicht nur unmöglich geworden, seine Studenten zu identifizieren – er unterschied sie nur nach ihrer Stimme –, er konnte auch seine Frau nur noch an ihrem Hut wiedererkennen. Alle organischen Formen bedeuteten einfach nichts für ihn. Eine Rose wurde erst zur Rose, wenn er sie riechen konnte. Einen Handschuh beschrieb er als »kontinuierliche Oberfläche«, in sich selbst gefaltet und mit fünf Ausbuchtungen versehen, er sah in ihm einen Behälter für irgend etwas. Es kam ihm nicht in den Sinn, daß eines seiner Körperteile da hinein paßte. Was jedes Kind als Handschuh erkennen würde, war ihm fremd. Er konnte nichts Vertrautes mehr sehen. »Visuell war er verloren in einer Welt lebloser Abstraktionen«, schreibt Sacks. Er konstruierte sich eine Welt, wie ein Computer sie konstruieren würde: emotionslos mit Hilfe von Schemata, die er miteinander in Beziehung setzte.

Fast schlimmer als seine äußere »Wahrnehmungsblindheit« war seine innere. Auch seine Phantasiebilder und Vorstellungen waren verschwunden. Es gibt Menschen, wie Helen Keller, die blind sind, sogar blind geboren werden, jedoch erstaunlicherweise eine innere Bilderwelt haben und uns darüber sogar berichten können. Jener Musiker hatte sogar die Bilder aus seinen Träumen verloren.

Wenn er überhaupt annähernd leben, banale Tätigkeiten ausführen wie sich anziehen oder Tee trinken konnte, dann nur, indem er dabei sang. Er brauchte immer eine Begleitmelodie, sonst verlor er die Orientierung.

Ihm war etwas Ähnliches abhanden gekommen wie Damasios Patienten Elliot: Die Fähigkeit, Entscidun-

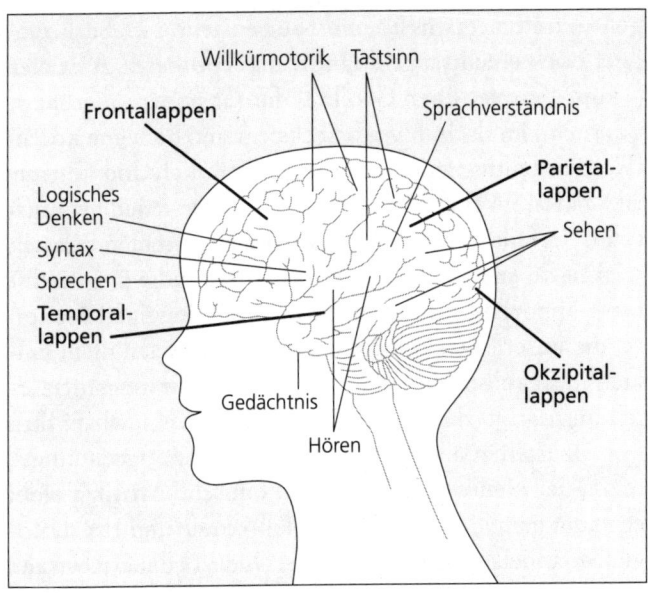

Verschiedenen Fähigkeiten bzw. Funktionen lassen sich bestimmten Gehirnregionen zuordnen. Mehrere von ihnen sind jeweils beteiligt, wenn wir Formen und Farben von Objekten wahrnehmen, wenn wir den Duft von Rosen und Nelken auseinanderhalten, wenn wir Sprache verstehen und produzieren. Sehen z. B. ist weder auf das Auge noch auf die Sehrinde beschränkt. Was uns bewußt wird, etwa wenn wir einen geliebten Menschen wiedererkennen, kommt nur im Zusammenspiel vieler Systeme zustande. Fehlt auch nur ein Element, kann »Seelenblindheit« die Folge sein. Die emotionale Information ist dann nicht ausreichend. Alle Bereiche des Gehirns bilden zusammen mit dem Körper ein einziges riesiges Kommunikationsnetz für Emotionen. Logische Denkprozesse finden sich dagegen nur in einem kleinen Bereich.

gen zu treffen, etwas kognitiv zu beurteilen. Dabei konnte er doch eine Menge kognitiver Hypothesen aufstellen – zum Beispiel über Gebilde, die für andere eine Rose oder ein Handschuh sind. Sacks erklärt, daß eine kognitive Beurteilung immer intuitiv, persönlich und konkret ist, daß sie Verstehen, emotionales Verstehen, voraussetzt. Urteilen, beurteilen zu können, sieht er als die wichtigste unserer Fähigkeiten an (»… judgement is the most important faculty we have«). Die geistigen Prozesse, die unsere Lebendigkeit ausmachten, seien nicht einfach mechanisch und abstrakt, sondern brauchen Beurteilungen, Entscheidungen und Fühlen. Wenn wir Fühlen und Beurteilen auslöschen, werden wir zu Computern, meint der Neurologe. Eine tragikomische Analogie sieht er in der gängigen kognitiven Neurologie und Psychologie: Sie ähnele nichts so sehr wie seinem bedauernswerten Patienten.[8]

Von Babys und Affen

Wie wichtig die Fähigkeit, Gesichter und Gefühlsausdrücke zu erkennen und richtig zu interpretieren, ist, zeigt sich in der kindlichen Entwicklung. Schon kurz nach der Geburt reagieren Babys auf ein Gesichtsschema aus drei sehr kontrastreichen Flecken, bald danach zeigen sie Interesse an einem voll zugewandten Gesicht (besonders dem der Mutter) mit hochgezogenen Augenbrauen und weit geöffneten Augen und Mund. Es wird wie ein Gruß oder eine Aufforderung zur Kommunikation verstanden. Das Kind entfaltet die gleiche Mimik, wenn es die Mutter animieren möchte.

Mit fünf Monaten interessieren sich Babys zunehmend für Gesichtszüge, wenn sie sich verändern. Immer besser können sie jetzt einzelne Gesichter unterscheiden. Sie sind uns darin sogar überlegen: Denn sie können nicht nur Menschengesichter, sondern auch Affengesichter voneinander unterscheiden. Diese Fähigkeit, die Erwachsene nur mit einem gewissen Training erwerben, entdeckte die englische Spezialistin für Kindesentwicklung Annette Karmiloff-Smith (Professorin am Cognitive Development Unit – Medical Research Council in London) bei neun bis zehn Monate alten Säuglingen. Später verliert sich diese erstaunliche Kompetenz, individuelle Gesichter innerhalb verschiedener Affenarten zu erkennen. Das Kind beginnt sich nun auf menschliche Gesichter zu spezialisieren. »Dieses graduelle Lernen, das von einer winzigen Spezifizierung gesteuert wird (nämlich des besonderen Interesses an Flecken in einer bestimmten Konstellation, die an irgendein Säugetiergesicht erinnert), führt beim Erwachsenen zu einem so spezialisierten kognitiven System, daß er seine Fähigkeit, Gesichter zu erkennen, ganz oder teilweise verliert, wenn sein neuronales Substrat (das heißt die entsprechende Hirnregion – Anm. der Autorin), verletzt wird.«[9]

Eine unwirkliche Realität

Besonders merkwürdig, fast unglaublich auch für Neuropsychologen erscheint das Erleben einiger Menschen, die ihre eigene Krankheit nicht wahrnehmen können. Obwohl diese für andere sehr auffällig ist, bemerken sie sie einfach nicht. Man nennt dieses Phänomen Anosognosie. Auch bei diesen Patienten finden Neurologen Veränderungen in der rechten Hirnhälfte.

»Stellen Sie sich einen Menschen vor«, fordert uns Damasio auf, »dessen linke Körperhälfte durch einen Schlaganfall vollkommen gelähmt ist. Er kann auf dieser Seite weder Hand, Arm, Bein noch Fuß bewegen, die Hälfte seines Gesichts ist zur Reglosigkeit verdammt, er kann nicht aufrecht stehen und nicht laufen. Und nun stellen Sie sich vor, daß diese Person ihren Zustand völlig vergißt, daß sie erklärt, überhaupt kein Problem zu haben und auf die Frage: ›Wie fühlen Sie sich?‹ mit einem ehrlichen: ›Sehr gut‹ antwortet.«

»Na, jemand, der sein Leiden so hartnäckig leugnet, hat der nicht ein dickes psychisches Problem?« halten wir dem Wissenschaftler entgegen. »Liegt das denn nicht auf der Hand?« Damasio lebhaft: »Keineswegs, das kann ich Ihnen versichern.« Und er bringt uns auf die richtige Spur:

»Sehen Sie sich zum Vergleich mal die Symptome einer anderen neurologischen Störung an, die spiegelbildlich zu der ersten ist: Bei ihr ist die rechte (im ersten Fall war es die linke) Körperseite betroffen, z. B. ebenfalls gelähmt. Das bedeutet jedoch, die dazugehörige zentrale Störung findet sich im linken Gehirn. Hier ist alles ganz anders. Diese Patienten nehmen sehr wohl ihre eigene Krankheit wahr, und obwohl ihre Sprache oft schwer beeinträchtigt ist (das Sprachzentrum sitzt im allgemeinen links), sind sie sich ihres Zustands vollkommen bewußt.«

Kaum zu glauben, je nachdem welche Hirnhälfte von einer Schädigung betroffen ist, nehmen wir entweder wahr oder nicht wahr, wie unsere körperliche Wirklichkeit aussieht. Da kann einem schwindelig werden, wenn man zu fragen beginnt, was ist dann überhaupt Wirklichkeit? Sind wir nicht immer wieder stolz, auf dem Boden der Realität zu stehen? Das Gelände ist nicht so sicher, wie es scheint.

Der Neuropsychiater berichtet von einer Patientin, die

unter einer Lähmung der linken Seite litt. Wenn er sie fragte, wie sie damit zurecht käme, beeilte sie sich zu versichern, daß ihre Bewegungen völlig normal seien. Vielleicht seien sie irgendwann einmal behindert gewesen, jetzt jedenfalls nicht mehr. Der Arzt hatte sie aufgefordert, den linken Arm zu bewegen. Darauf sie, ob er wirklich wolle, daß er sich ganz allein bewege? Damasio: »Ja, bitte.« Dann hatte sie auf ihren Arm geschaut und gemeint: »Er scheint sich nicht sehr von allein zu bewegen.«[10]

Der Wissenschaftler erklärt uns, daß bei diesen Patienten ein ganz bestimmtes Wahrnehmungssystem nicht funktioniere. Nämlich dasjenige, das uns »automatisch, schnell und aus dem Innern« Bericht über unseren Körperzustand – das heißt die Befindlichkeit der Muskeln, Gelenke und der inneren Organe – erstattet. Es ist das »somatosensorielle« System (»soma« – griechisch »Körper«). Und seine wichtigste Verarbeitungszentrale sitzt in einer bestimmten Region der rechten Hirnhälfte. Sie dominiert in diesen Funktionen. »Dominanz« bedeutet, daß diese Funktionen zwar auch in anderen Hirnbereichen in geringerer Dichte repräsentiert sind, jedoch in diesem Teil vorherrschend bearbeitet werden. Diese rechte Hirnhälfte steuert auch die Bewegungen der linken Körperseite und sorgt in ihrer tiefer sitzenden weißen Materie (die äußere Schicht ist grau) für ständige Kreuz-und-quer-Schaltungen zwischen älteren und neueren Bereichen des gesamten Gehirns.

Nun sind wir einigermaßen verwirrt oder hatten wir uns mißverstanden? Wollten wir nicht etwas über die Beteiligung der Emotionen an der Vernunft erfahren? Was aber hat dieses Links-rechts-Vexierspiel mit unserer Frage zu tun?

Eine ganze Menge. Dazu Damasio wieder: »Die eben erwähnten Patienten unterscheiden sich auch noch in einem anderen Punkt von uns: Sie zeigen wie Elliot keinerlei Emotion. Ihr Befinden, ihre Krankheit und ihre Zukunft bereiten ihnen überhaupt keine Sorgen. Auch dann nicht, wenn man ihnen mitteilt, sie hätten gerade einen schweren Schlaganfall hinter sich oder litten an Krebs, der jetzt auch das Gehirn befallen habe. Sie nehmen solche Nachrichten mit Gelassenheit hin und machen sogar ihre Späße darüber. Nie zeigen sie Angst, Kummer oder Aufbegehren. Vielleicht ihr Glück im Unglück.«

Menschen mit spiegelbildlich gleichen, linksseitigen Hirnverletzungen oder -störungen, die rechtsseitig gelähmt sind, reagieren dagegen auch emotional völlig normal.

»Überrascht es Sie jetzt noch, daß die Anosognosie-Patienten Schwierigkeiten haben, Zukunftspläne zu machen und daß sie weder im ganz persönlichen noch weiteren sozialen Bereich Entscheidungen treffen können?«

Eigentlich nicht, räumen wir ein. Wie würde wohl unser Leben mit einem Partner aussehen, der gerade erfahren hat, einen lebensgefährlichen Hirntumor zu haben, und ein Liedchen trällernd durchs Haus geht? Wäre das nicht fast noch unerträglicher, als seine Angst mitzuerleben?

Auch das »neue« Gehirn hat Gefühle

Und immer noch sind wir nicht ganz überzeugt: Denn ebenso wie bei den merkwürdigen Symptomen Elliots, der trotz hervorragender Intelligenztests nicht entscheiden konnte und so leichtsinnig Vermögen und Privatleben verspielte, denken wir bei diesen Geschichten eher an

Marsmenschen und Science-fiction als an Schicksale von unseresgleichen. Ehrlich gesagt, nehmen wir nicht so leicht von unseren bisherigen Vorstellungen Abschied. Hatten wir nicht immer gelernt und häufig wieder gelesen, es seien die »alten« Hirnbereiche, das »limbische System«, die für unsere Gefühle verantwortlich sind? Und nun zeigt sich, daß auch Störungen in unserem »neueren« Verstandesgehirn – dem »Neocortex« – bei wesentlichen emotionalen Funktionen mitmischen, und zwar besonders in Situationen, wo wir unseren ganzen Verstand brauchen könnten, nämlich im Berufs- und gesamten Sozialleben. Bei Elliot war es ein Bereich im »Vorderhirnlappen« (rechts ein wenig ausgedehnter als links) und bei den Anosognosie-Kranken ein Feld der rechten Hirnhemisphäre.

Tatsächlich hat man lange Zeit angenommen, die tiefer sitzenden, entwicklungsgeschichtlich früher entstandenen Hirnbereiche regulierten mehr biologische Grundfunktionen und dumpf Gefühltes, während der später, erst beim Menschen zu voller Ausdehnung gewachsene und gestaltete Großhirnbereich darüber den Verstand und den Willen reguliere. Die unteren Etagen fürs Personal, die oberen für die Herrschaften. Die moderne Hirnforschung nach Damasio und LeDoux und auch die Molekularbiologie der Botenstoffe nach Candace B. Pert zeigt jedoch, daß das Hauswesen nur dann funktioniert, wenn alle in einer konzertierten Aktion zusammenwirken.

Wir alle, ob wir es wollen oder nicht, leben noch unter dem Einfluß und in der Nachfolge des »Cartesianismus«. Verstehen wir uns recht: Gemeint ist damit, was man in den Jahren und Jahrhunderten aus der Lehre des großen Philosophen und Naturwissenschaftlers René Descartes gemacht hat. Wir werden ein wenig später darauf zurückkommen, warum der Forscher Opfer einer sich hartnäkkig haltenden Versimpelung und gewisser Mißverständnisse wurde. Der Ausgangspunkt war, daß Descartes eine strikte Trennung zwischen dem Materiellen, also materiell gebundenen Körper, einerseits und einem immateriellen, also von Materie unabhängigen Geist (bzw. Seele) vornahm. Seine Auffassung gipfelt in dem berühmten Satz: »Ich denke, also bin ich.« Er erläutert uns das eindeutig: »Dieses Ich, das heißt meine Seele / Geist (»âme« bedeutet im Französischen beides – Anm. der Autorin), durch die ich bin, was ich bin, ist ganz und gar vom Körper unterschieden …« Damit sagt er: Zuerst existiert das Immaterielle, unabhängig von meinem Körper, dann das Materielle.[11]

Descartes-Forscher fragen sich gelegentlich, ob der Wissenschaftler, der für seine Arbeit Leichen zum Sezieren brauchte, mit seiner These vielleicht vor allem die Geistlichkeit beschwichtigen wollte. Schließlich gab er damit auch zu verstehen, daß die Seelen der Verstorbenen nicht unter seinem Messer zerstückelt würden. Falls er tatsächlich diese Absicht um des lieben Friedens für seine Arbeit willen auch gehabt haben sollte, so besteht doch kein Zweifel, daß seine Aussage seiner Überzeugung entsprach.

Heutige Neurowissenschaftler sind mit Damasio genau entgegengesetzter Meinung. Sie zeigen anhand des komplexen Zusammenspiels zwischen neurologischen und hormonellen Vorgängen des Körpers und des Gehirns, daß beide verantwortlich für somatisch-emotionale und geistige Funktionen sind.

Übrigens gibt es einen anderen prominenten Hirnspezialisten, der die Dinge ganz anders sieht als die genannten Kollegen. Es ist der Nobelpreisträger John C. Eccles, der gemeinsam mit dem Philosophen Karl Popper das Buch *Das Ich und sein Gehirn* schrieb und der in einem

46

anderen faszinierenden Werk, *Wie das Selbst sein Gehirn steuert,* Hypothesen über die nicht materielle Natur des Geistes darlegt. Er stützt sich dabei auf die Quantenphysik. Seine Hypothese: Es gibt eine Wechselwirkung zwischen – immateriellem – Selbst und Gehirn, die die Erhaltungsgesetze der Physik nicht verletzt. Das heißt, Geist muß nach seiner Auffassung ohne Aufwand an Energie mit dem Gehirn in Wechselwirkung treten können. »Die Einzigartigkeit des Individuums«, erklärt er, »die ich an mir erfahre, kann nicht der Einzigartigkeit meines DNS-Erbes (der Grundstoff unserer Gene – Anm. der Autorin) zugeschrieben werden …«[12]

Diesem Satz Eccles' würden die vorher genannten Wissenschaftler zustimmen, ohne seiner Theorie zu folgen. Keiner von ihnen würde sein oder ein anderes »Ich« auf sein DNS-Erbe reduzieren. In diesem Punkt ist man sich einig.

Ich denke, wir werden uns von Professor Damasio und seinen spannenden Geschichten fürs erste verabschieden, denn es wird höchste Zeit, daß wir uns anderen wichtigen Themen widmen und uns bei ganz anderen Denkern und Forschern kundig machen. Später wollen wir sie zu Begriffen fragen, die hier ohne nähere Erklärung gelegentlich vorgekommen sind: Da sind einmal die Emotionen und ihre Geschichte, seit es empfindende Lebewesen gibt. Da wäre es aufschlußreich zu wissen, wie sich diese Gefühlsregungen in die Evolution unseres Gehirns einpassen. Und schließlich gilt es in Erfahrung zu bringen, was wir unter Bewußtsein oder Geist verstehen sollen. Wie wir sehen werden, ist es gar nicht so einfach, sich darüber zu verständigen. Denn auch wenn wir die renommiertesten Wissenschaftler als Kronzeugen heranziehen, zeigt sich, daß sie mit ihren Diskussionen darüber keineswegs am Ende sind. Wir sind also nicht die einzigen, die nicht gleich alles begreifen und definieren können. Das, was mir am aufschlußreichsten in der Zusammenschau erscheint, betrachten wir also ein bißchen näher.

Ganz bewußt erinnere ich Sie daran, daß ich mich vom »Spaß« und von der Neugier habe leiten lassen, herauszufinden, ob denn Emotionen tatsächlich die Wurzeln – und noch tiefer – der Nährboden unseres Verstandes sind. Und erinnere damit daran (was man als Autor üblicherweise gerade vermeidet), daß meine Darstellung und mein Interesse also einigermaßen subjektiv und zudem von meiner Lebensgeschichte und von meinen Gefühlen geprägt sind. Vielleicht ermutigt es Sie und »fühlen« Sie sich angeregt, nun selber Ihre eigenen Erkundungen zum Thema anzustellen und bei den von mir genannten und anderen Autoren nachzulesen und mit Freunden zu diskutieren. Sie werden feststellen, daß auch bei Ihnen und Ihrer Sicht der Dinge unweigerlich Ihre Geschichte und gewisse Emotionen ins Spiel kommen werden. Wenn wir uns selber bei unserer Denkarbeit ein bißchen beobachten, behalten wir unser Thema besser im Auge und kommen den Dingen zusätzlich durch die eigene Erfahrung auf die Spur.

Ich möchte gleichzeitig aber auch unser Bewußtsein dafür schärfen, daß alle Wissenschaft »persönlich« ist, daß viele verschiedene Forscher und Denker unterschiedliche Fakten und Informationen heranziehen und zu oft recht abweichenden, jedenfalls immer vorläufigen Resultaten kommen.

Es gibt also keine wissenschaftliche Wahrheit. So wie es für uns keine objektive Wirklichkeit unseres Selbst gibt. (Und doch schleppen wir dieses Selbst vom Tag unseres Erscheinens auf der Lebensbühne mit uns herum –

egal, welche Erfahrungen es sammelt, welche Beziehungen es eingeht, wie es sich entwickelt und verändert. Eins nehmen wir mit Sicherheit zu jedem Zeitpunkt in unserem Leben wahr: unser Selbst. Aber worin es besteht, können wir weder für uns definieren noch mit Hilfe unzähliger Daten in einen Computer eingeben.)

Trotzdem können wir uns zunächst ganz einfach dem Wissen anvertrauen, das hervorragende Forscher zusammengetragen haben. Es ist immerhin das beste bisher Verfügbare.

Es kann uns helfen, immer besser zu verstehen, wie Geist und Emotionen sich gegenseitig durchdringen. Oft erscheint uns ihre Beziehung zueinander als »Verstrickung«. Vielleicht finden wir ja heraus, daß es sich um ein geniales Gebilde handelt. Gefühlsgeist, Geistgefühl? Seine künstlich nicht nachvollziehbare und – wer weiß? – nie ganz zu begreifende Vielfalt, Plastizität (das heißt seine Formbarkeit) und Dynamik sind möglicherweise das Geheimnis einer ungeheuren Klarheit und Einfachheit.

Was eigentlich sind Emotionen?

Ihnen ist sicher aufgefallen, daß im täglichen Gebrauch die Begriffe Gefühle, Emotionen und – ein wenig aus der Mode gekommen – Affekte oder gar Triebe ziemlich wild durcheinandergehen. Zu Ihrer Beruhigung, auch die Wissenschaftler haben sich darüber nie ganz einigen können. Seit etlichen Jahrhunderten reden und schreiben sie sich darüber die Köpfe heiß.

Generell sprechen Wissenschaftler nicht allzugern von »Gefühlen«, selbst der Begriff »Emotionen« findet bei ihnen allgemein möglichst sparsam Verwendung, es sei denn, diese waren nun ausdrücklich ihr Thema. Viele Wissenschaftler wollen noch nicht einmal den höheren Säugetieren Emotionen zubilligen. Aber ist es nicht so, daß sie mit ihrem eigenen Verhalten ihre Überzeugung oft Lügen strafen? Viele von ihnen beispielsweise gehen mit ihren Haustieren durchaus so um, als hätten diese Gefühle und als könnten sie sogar gewisse Gefühle von Herrchen oder Frauchen »verstehen«.

Eine Folge der cartesianischen Dualität von Körper und Geist bleibt auch heute immer noch, daß man sich nicht gern zu emotional zeigt, wenn man als seriös gelten will. Schließlich stehen »Emotionen« im Verdacht, eher körperlicher, also niederer Natur zu sein.

Was ist dann mit den »Gefühlen«? Ihnen billigen die meisten schon eher eine gewisse Geistigkeit zu. Tatsächlich haben sie in unserem Sprachgebrauch oft mehr mit Kultur, Tradition und der individuellen Geschichte eines Menschen zu tun. In anderen Sprachen, etwa im Englischen und Französischen, ist der Umgang mit diesen Worten ein ganz anderer als bei uns.

Ich denke, wir kommen nicht umhin, die Wahrheit, die sich in der allgemeinen sprachlichen Unsicherheit ausdrückt, einfach anzunehmen und uns vor allem nicht von der Verschämtheit verkappter Cartesianer anstecken zu lassen.

Wenn es um Empfindungen, Intuitionen, Emotionen und Gefühle geht, befinden wir uns nicht im Bereich des Meßbaren. Allenfalls lassen sich Schwankungen des elektrischen Hautwiderstands, Pupillengröße, Adrenalin- und Cortisolspiegel (das Hormon wird auch Cortison genannt) im Blut oder der Herz- und Atemrhythmus bei Emotionen messen. Ebenso gibt es Beobachtungen, wie Menschen in einer bestimmten vorgegebenen Situation reagieren. Ob sie beim Anblick einer Schlange flüchten, ob die seelische oder körperliche Not eines anderen Mitgefühl bei ihnen hervorruft, ob Babys bei kurzen Trennungen von der Mutter große Verunsicherung zeigen, ob sie auf bestimmte Reize, Geräusche, Bewegungen von Objekten, eher mit Vergnügen oder mit Erschrecken reagieren. Was aber sagt uns all das über die wahre Natur dieser Erlebnisse?

Manchmal gibt uns unser Sprachgebrauch besser Auskunft über ein Phänomen als alle Versuche einer Definition. Nur so sind wir in der Lage, miteinander sinnvoll zu reden, wirklich zu kommunizieren. Und: Wenn wir etwas ähnlich empfinden, verstehen wir uns untereinander. Warum verstehen sich Frischverliebte so gut, auch wenn beide sich später immer häufiger mißverstehen? Warum klappt die Kommunikation zwischen einem Baby, das noch nicht sprechen kann, und seiner Mutter so gut, auch wenn später sowohl die Mutter wie das herangewachsene Kind voneinander fordern möchten: »Versteh mich doch bitte!« Es liegt daran, daß anfangs jeder vor allem seine Gefühlsantennen benutzt. Liebe erleichtert das.

Bleiben auch wir also bei einer »menschlichen« Sprache – vor allem dann, wenn wir von Emotionen und Gefühlen reden. Martin Luther hatte schon recht, wenn er dazu aufforderte, »dem Volk aufs Maul« zu sehen. Liegt nicht gerade in der Vielfalt unserer alltäglichen Sprache, in ihrem lebendigen Gleiten von einem Begriff zum anderen, die größere Genauigkeit gegenüber starren Definitionen?

Wissenschaftliche Ausdrucksweise hat eine andere Gültigkeit. Sie folgt einem ganz anderen Ziel der Präzision und der Abgrenzungen als unser persönlicher Gebrauch. Tatsächlich aber ist unsere spontane, uns persönlich gemäße Sprache dann überlegen und nuancierter, wenn der Gedanken- und Gefühlsaustausch innerhalb einer Beziehung das Ziel ist. Im Gespräch verstehen Menschen nur das gut, was im Zusammenhang mit ihren eigenen Erfahrungen möglichst sofort einen Sinn macht. Das gilt ganz besonders für Kinder. Wir sollten im Umgang mit ihnen – egal ob als Eltern oder Lehrer – nie vergessen, uns ihren kindlichen, meist stark emotional gefärbten Erfahrungen anzupassen. Ihre Erlebenswelt ist eine andere als unsere. Darum müssen wir bei ihnen andere Sprachelemente, andere Beispiele benutzen. Es ist wichtig, immer an lebendige Vorstellungen zu appellieren. Am besten können das Dichter. »Am außerordentlichsten ist beim bewußten Menschen wohl der künstlerische Ausdruck – die Fähigkeit, Gefühle und Emotionen symbolisch und formal etwa in Form von Gedichten, Gemälden oder Symphonien anderen zu vermitteln«, schreibt der Hirnforscher Gerald M. Edelman. Diese besonderen »Bewußtseinszustände, die sich in Kunstwerken zeigen, sind den Methoden der wissenschaftlichen Untersuchung nicht zugänglich«. Der »Bezug zu uns selbst« sei wichtig, meint auch er. »Eine externe, objektive Analyse kann, selbst wenn sie möglich ist, weder die Reaktionen des einzelnen noch den intersubjektiven Austausch ersetzen.«[13]

Halten wir fest: In unserem Erleben gibt es keine »harten« Grenzen, unsere Gefühle gehen ständig ineinander über, nur selten empfinden wir eins ganz heftig, vorherrschend. Ständig sind sie in Bewegung. Wir haben schon Schwierigkeiten (und zwar gut begründete), körperliches und seelisches Fühlen auseinanderzuhalten. Ebenso lassen sich keine klaren Abgrenzungen vornehmen für Emotionales, das mehr aus unseren »älteren« Hirnregionen kommt, das mehr und schon länger unserem evolutionären Erbe angehört und dem, was aus den »neueren«, höher entwickelten Hirnbereichen zu entspringen scheint.

Es liegt daran, daß in unserem Gehirn – und in unserem Körper mit dem Gehirn! – unablässig eine rege Kommunikation zwischen allen Teilen abläuft, den alten und den neuen. Nie beschränkt sich etwas auf ein einziges Feld. Hingegen kann der Ausfall nur eines Bereichs oder »Zentrums«, wie uns Damasio an seinen Patienten demonstriert hat, Folgen für den Gesamtablauf haben. Ich habe viele Jahre mit einem Kind zu tun gehabt, das gleich nach der Geburt in einem winzigen Bereich seines Gehirns operiert werden mußte, der bei Gleichgewicht und Bewegungsabläufen eine besondere Rolle spielt. Die dadurch eingebüßte Substanz war verschwindend gering. Der Junge brauchte trotz hervorragender Intelligenz und erstaunlicher Hartnäckigkeit bis weit ins Erwachsenenalter, bis es ihm mühsam gelang, die tausend damit verbundenen sozialen, emotionalen und Wahrnehmungs-Schwierigkeiten auch nur annähernd zu überwinden.

Das heißt: Wir erfahren noch fast nichts über das Gehirn, wenn wir uns staunend über faszinierende Farbbilder von einzelnen Hirnbereichen beugen. Moderne bildgebende Techniken wie Kernspintomographie, Computertomographie, Positronen-Emissions-Tomographie (PET), die dynamische, also bewegte Prozesse im Gehirn sichtbar machen, erlauben uns heute Einblicke in unseren Kopf und stellen gewisse Funktionen und die dabei gewählten Bahnen dar. Wir mögen dann staunen angesichts der ungeheuren Fortschritte der Neurowissenschaften. Nur, mit diesem Wissensfortschritt hat sich gleichzeitig der Horizont des Unerforschten, Nichtverstandenen verschoben. Die unbekannten Gebiete, die weißen Flecken auf der Landkarte, breiten sich immer weiter aus. Ja, auch wenn wir unserem Bewußtsein bei der Arbeit zusehen könnten und wenn wir dazu alle verfügbaren neurowissenschaftlichen Daten heranziehen würden: »... sie allein können ... das Denken nicht erklären.«[14] Wie wir denken und fühlen, zeigen sie uns nicht. Auch nicht, warum Sie sich jetzt vielleicht nachdenklich am Kopf kratzen. (Dies nämlich gehört noch zu den einigermaßen ungeklärten Phänomenen. In der Psychologie erklärt man sie häufig als »Übersprunggesten«, als zwischen zwei unterschiedlichen Handlungen eingeschobene kleine Aktionen. Ich könnte mir denken, daß es sich auch um eine Art sensorielle Eigenstimulation handelt, die das Denken oder die Konzentration unterstützt. Wir werden im Kapitel über die Haut darauf zurückkommen.)

Lassen Sie uns von Gefühlen bzw. Emotionen zunächst einmal so sprechen, wie wir es gewohnt sind. Da kommen uns sofort eine ganze Reihe von Begriffen in den Sinn wie Furcht, Mut, Angriffslust, Trauer, Wut, Freude, Liebe, Haß, Eifersucht, aber auch einige Grundempfindungen wie Schmerz oder Wohlgefühl und auch diejenigen, die meist als Triebe bezeichnet werden: Hunger, Durst und sexuelles Begehren. Wir könnten noch ein paar andere hinzufügen, die besonders menschlich sind, wie Begeisterung und Enttäuschung. Und manchmal mixen sich Gefühle zu seltsamen Cocktails. Zum Beispiel Furcht und Überraschung zu Erschrecken oder Freude und Furcht zu Schuldgefühl. Wissenschaftler sind sich noch nicht einmal einig über die Anzahl der Grundgefühle.

In einem jedoch herrscht heute immerhin Übereinstimmung: Die Gesichtsausdrücke für eine Reihe von Gefühlen wie Furcht, Wut, Trauer, Freude und Abscheu sind universell, das heißt, sie stammen unabhängig von der Kultur auf der ganzen Erde überein. Amazonasindianer, Italiener oder Eskimos, sie alle zeigen mit übereinstimmenden Ausdrucksmustern, was in ihnen vorgeht. Mit Stirnrunzeln – horizontal und vertikal, herauf- oder herabgezogenen Mundwinkeln, einem besonderen Muskelspiel um die Augen, mit aufgerissenen oder zu Schlitzen verkleinerten Augen, herauf- oder zusammengezogenen Augenbrauen, Zähnezeigen, Naserümpfen ...

Außerdem unterscheiden Wissenschaftler zwischen Emotion/Gefühl, Stimmung und Temperament. Dabei läßt sich, was im Bereich der *Emotion* liegt, am ehesten durch eine Ursache identifizieren. *Stimmung* mag Stunden oder Tage anhalten und ist nicht so leicht zu definieren. *Temperament* wird häufig dem genetischen Erbe zugerechnet. Man hat es, meinen manche, von gewissen Veränderungen abgesehen, sein ganzes Leben. Andere jedoch halten Entwicklungseinflüsse besonders in der frühen Kindheit für stärker dafür verantwortlich.

Viele von uns kennen ganze Familien, in denen sich eine Grundeinstellung zum Leben – positiv, fröhlich oder depressiv mit negativen Erwartungen – über Generationen hinweg zu vererben scheint. Nur, wird diese Haltung wirklich vererbt oder wird sie durch einen Lebensstil an die Kinder weitergegeben?

II. Die großen Denker
der Emotionen

Vielleicht haben Sie gar keine Lust, sich mit Philosophie zu beschäftigen. Möglicherweise haben Sie irgendwann in Ihrer Lebensgeschichte (in der Schule etwa?) den Eindruck bekommen, das sei ein ungemütliches, unwegsames Gebiet für einen Normalgebildeten? Vielleicht ziehen sich jetzt Ihre Pupillen zu Punkten zusammen – auch das ist so eine merkwürdige körperliche Reaktion auf eine Emotion, nämlich Abwehr. Angeblich ziehen sich die Pupillen von Männern zusammen, wenn man ihnen Bilder von Babys (nicht den eigenen allerdings) präsentiert, während bei Frauen als Ausdruck emotionalen Interesses die kleinen schwarzen Sehlöcher dabei ganz groß werden.

Sie denken sich vielleicht jetzt, sich mit Gefühlen zu beschäftigen sei Mode. Daß man sie dem Geist gegenüber oder zur Seite stellt (als »emotionale Intelligenz« z. B.), sie mehr dem Körper oder mehr dem Kopf zurechnet, seien eher heutige Erscheinungen, meinen wir.

Tatsächlich haben alle diese Fragen die großen Denker und Wissenschaftler seit vielen Jahrhunderten beschäftigt. Sie haben sogar die einzelnen Emotionen bis ins Detail zu beschreiben und erklären versucht.

Das wurde mir ganz beiläufig bewußt, als mir beim Stöbern in einer Pariser Buchhandlung ein winziges Büchlein in die Hände geriet: ein Wörterbuch der Emotionen des ersten bedeutenden französischen Enzyklopädisten des 17. Jahrhunderts, Antoine Furetière, eines Zeitgenossen von Descartes, Racine und Pascal. Mein Blick fiel auf das Wort »Depression«. Zu meiner Überraschung erklärt er es als »Erniedrigung, Demütigung«. Keine schlechte Anregung, über das Wort einmal neu nachzudenken, nicht wahr? Ein Philosoph, so fährt er ebenso erstaunlich fort, der sich damit zufrieden gebe, in der »Depression« zu leben, lehne oft ehrenhafte Ämter ab, die man ihm anbiete. Eine Form von Bescheidenheit. Man könnte auf die Idee kommen, daß es heute keine oder nur noch sehr wenige Philosophen gibt.

Emotion, von lateinisch »e-movere« abgeleitet, bedeutet etwa soviel wie etwas durch eine Bewegung nach draußen bringen. Furetière nennt sie »eine heftige Bewegung, die Körper und Geist bewegt ...« Fieber beginne durch eine kleine »Emotion des Pulses«. Wenn man einige heftige Leibesübungen mache, fühle man »Emotion im Körper«. Ein Liebender fühle »Emotion angesichts seiner Geliebten«. Furetière bezieht sich auf Descartes, wenn er Emotion von Leidenschaft, Passion, unterscheidet und die erste mehr dem Körper, letztere der Seele, dem Geist (französisch »âme«) zurechnet. Von Furetière stammt der erstaunliche Satz: »Eine der Definitionen für den Menschen ist, ihn als das Tier, das sich sorgt, zu bezeichnen.« Man könnte auch interpretierend übersetzen: Das Tier, das sich um (und über) sich selbst Gedanken macht.[15] Das heißt doch: Wir sind einerseits emotional und biologisch, aber wir können über unser Biologisch- und Emotionalsein nachdenken. Heute würden wir sagen: Wir machen uns über unseren Zustand und unsere Situation Gedanken (Sorgen).

Dies ist genau der Punkt, an dem der Hirnforscher LeDoux die Überführung von Emotion in Gefühl sieht: im Bewußtwerden.

Aristoteles: Emotionen können
Klarheit schaffen

Schon in den ältesten überlieferten Schriftdokumenten finden sich Gedanken über Gefühle. Einer der ersten, der noch unsere modernen Auffassungen beeinflußt hat, ist der griechische Philosoph Aristoteles, der von 384 bis 322 vor Christus gelebt hat.

Eines der Werke, in denen er sich vornehmlich mit Emotionen beschäftigt hat, ist die *Rhetorik*. Die Redekunst ist für ihn sowohl im Vortrag als auch in der Diskussion eine Suche nach der Wahrheit. Zum Beispiel vor Gericht. Man solle bei einem Richter nicht Zorn, Neid oder Mitleid wecken. Wenn Menschen freundliche, friedliche Gefühle haben, dächten sie so über eine Sache; wenn sie dagegen wütend oder feindselig gestimmt seien, dächten sie entweder ganz anders oder mit einer ganz anderen Intensität. Einer, der rede, um zu überzeugen, müsse etwas über die Leute, zu denen er spreche, wissen, das heißt über ihre Werte (ihre Überzeugungen, ihren Glauben) und über den Einfluß, den die Rede auf sie haben könnte.

Emotionen veränderten die Urteile von Menschen und seien von Schmerz oder Vergnügen begleitet. Er wendet sich dann einzelnen Emotionen zu und beginnt mit »Wut«, die er in sehr moderner Weise als Wunsch nach Rache erklärt. Aristoteles bezieht sogar körperliche und psychische Faktoren mit ein. Jemand, der krank oder arm sei, der liebe, dessen Erwartungen enttäuscht wurden und der Undank bekomme, sei anfällig für Wut. Den Philosophen interessieren Emotionen in einem ethischen Zusammenhang. Er betrachtet Wut oder Zorn als Tugend, als moralische Kraft, als natürliche Antwort auf Beleidigung. Er verteidigt jedoch Mäßigung, »die Mitte zwischen den Extremen«. Mut ist für ihn nicht Furchtlosigkeit, sondern das richtige Maß an Furcht.

In Szene gesetzt werden die Emotionen in der klassischen Tragödie. Hier geht es um »Handeln« – die Menschen im antiken Theater zeigen, was passieren kann, wenn Menschen handeln. Oft tun sie das gegen ihre eigenen Überzeugungen, oft meinen sie, gut zu handeln. In beiden Fällen mag Unglück daraus entstehen, häufig ungewolltes, unvorhersehbares Unglück. Trotzdem, so meint Aristoteles, sind sie immer verantwortlich für ihr Handeln – dies eben ist ihre Tragödie. Die Zuschauer entdecken in den Hauptpersonen sich selber, sie nehmen mit heftigen Gefühlen Anteil, mit Mitleid, aber auch mit Angst um die eigene Person.

Hier taucht der Begriff »Katharsis« auf. Man hat ihn lange als eine Art Reinigungsprozeß verstanden. Die heutigen Interpreten sind sich darin einig, daß er wohl besser mit »Klärung«, »Klarheit schaffen« zu übersetzen sei. Die Funktion des Theaters besteht für den griechischen Philosophen vor allem darin, durch die Katharsis, durch die Klärung, all das hinwegzuräumen, was uns den Zugang zum Verständnis unserer eigenen Gefühle versperrt. Wir können so bewußt nachvollziehen, welche Konsequenzen sie für unser Handeln in einer Welt haben, die ganz und gar unvollkommen ist.

Das heißt nun schon: Katharsis schließt einen kognitiven, einen verstehenden Umgang mit Gefühlen ein. Sind wir nicht erstaunt über die Nähe des Philosophen zu modernem Denken, moderner Psychologie?

Diesen kognitiven Umgang mit Gefühlen hoben im dritten Jahrhundert vor Christus die Stoiker ganz besonders hervor. Sie erklärten, wir könnten unsere Gefühle nur mäßigen und beherrschen, wenn wir Verstand und Reflexion einsetzen. Aber während Aristoteles Emotionen einen positiven ethischen Wert zuschrieb, analysierten die Stoiker sie als gedanklich konzeptuelle Irrtümer, die vor allem zu Unglück und Enttäuschung führen. Emotionen seien Urteile – Urteile über die Welt und unseren Platz darin, meinen Seneca und Chryssipos, die vor zweitausend Jahren eine »kognitive Vollblut-Theorie der Emotionen entwickelten«, wie Robert C. Solomon es ausdrückt.[16] Die Welt jedoch war für die römische Gesellschaft kein angenehmer Platz. Und die Stoiker betrachteten sie als aus der Kontrolle geraten.

Descartes: Die Geburt eines Mißverständnisses

Ein besonderes Problem (und die ganze unheilvolle Verwirrung des »Cartesianismus«) schuf sich René Descartes (1596 –1650) mit den Emotionen. Nach seiner Theorie waren, wie bereits erwähnt, Körper und Geist zwei getrennte »Substanzen«. Der Körper war für ihn das Animalische. Tiere haben in seinem Verständnis keinen Geist. Die Gefühle ließen sich jedoch eindeutig weder dem Geist noch dem Körper zuordnen.

Sein wissenschaftlich-mathematischer Verstand erlaubte keine Ungenauigkeiten. Er meinte, man solle alles bisher Gedachte zunächst einmal auf den Müll werfen und dann ganz neu nachdenken. Nirgendwo zeige sich die Unvollkommenheit der bisherigen Wissenschaft so deutlich wie in ihrem Umgang mit den Emotionen.

Es war für ihn ganz klar, daß mathematische Gedanken im Geist angesiedelt waren, Magenkontraktionen dagegen dem Körper angehörten. Emotionen leben in einem Bereich zwischen beiden. Sie erfordern eine Verbindung zwischen beiden. Unsere Sorgen machen uns Kopfschmerzen. Ein Kompliment läßt uns erröten, Angst dagegen zittern, und Liebe verleiht uns Flügel. Heute würden Molekular- und Neurobiologen von der »Kommunikation« zwischen Körper und Gehirn sprechen.

In *Die Leidenschaften der Seele* legt Descartes den Grundstein für die moderne Neurophysiologie. Seinem mathematisch-physikalischen Denken entsprach es, den Körper als etwas Mechanisches, als eine Art Maschine zu sehen. Er unterscheidet bereits sensorische und motorische Nerven, erklärt, wie wohl das Gedächtnis funktionieren mag und was Reflexe sind. Damit gibt er im ersten Teil dieses Werks eine Beschreibung der körperlichen Basis für Emotionen. Er schildert dann im zweiten Teil sechs grundlegende Emotionen – Erstaunen, Begehren, Freude, Liebe, Haß und Trauer – und ihre Verbindung zum Körper. Im dritten Teil zeigt er, wie diese sechs Basis-Emotionen in vielen individuell unterschiedlichen Variationen auftreten: in Furcht, Hoffnung, Stolz, Verachtung, Eifersucht, Reue und Neid zum Beispiel. Nach Descartes' Modell ist die Besonderheit der Emotionen, daß sie im denkenden Teil unseres Selbst auftauchen, den er Seele nennt.

Wir sollten daran denken, daß Descartes ein eifriger Leser der Schriften des Artistoteles war. Der griechische Philosoph hatte in einer Abhandlung über die Seele, in der lateinischen Übersetzung *De anima*, zwischen mehreren Animae – Seelenformen – unterschieden. Für ihn gab es eine vegetative, eine sensitiv-animalische und eine höhere, geistigere Seele. Übrigens ein Konzept, das sich bis in die Moderne erhalten hat, zum Beispiel bei C. G. Jung und Paul Claudel, mit »Animus« und »Anima«. Wobei das eine in etwa für den aktiven, analytischen Verstand und das andere für die passivere, mehr empfangende Seele steht. Dies ist gleichzeitig eine uralte Gegenüberstellung von männlich und weiblich.

Für Descartes als Aristoteles-Kenner hatte also der Begriff »âme« (Geist/Seele) keine einheitlich-einzige Bedeutung. Es gab niedere animalische Formen davon und eine höhere geistig-menschliche. Forschergeist und philosophische Gedanken gehören natürlich in diese höhere Sphäre. Descartes lebte in einer Zeit, in der die mathematischen Wissenschaften sich zu einer besonderen Blüte entwickelten. Er bewunderte den mathematischen Geist.

Für uns ist es wichtig, festzuhalten, daß, anders als der sogenannte Cartesianismus, Descartes selber in den Emotionen ein Bindeglied zwischen Körper und Geist sah. Er meinte, sie träfen in einer kleinen Drüse an der Basis unseres Gehirns zusammen (die wir heute als Epiphyse bzw. Zirbeldrüse bezeichnen). Mathematische Gedanken sind ausschließlich im Geist, Magenkontraktionen und -schmerzen dagegen ausschließlich im Körper. Aber Emotionen erfordern eine Interaktion von Körper und Geist. Und sie »nutzen« nicht nur körperliche Erregungen und Empfindungen, sondern auch Wahrnehmungen und Überzeugungen. Auch Descartes bewertete Emotionen. Seine sechs Basis-Emotionen – Erstaunen, Liebe, Haß, Begehren, Freude und Trauer – hatten einen Sinn in einem guten, wertvollen Leben.

Spinoza: Gefühle, eine Form des Denkens

Baruch de Spinoza (1632–1677) schlug sich nicht mit Descartes' Körper-Geist-Problem herum. Ohne die Grundlagen der heutigen Neurologie, ohne die neuen Erkenntnisse über Emotionen im Informationsaustausch zwischen Gehirn und Körper, Körper und Gehirn zur Verfügung zu haben, kam er zu der überraschend modernen Überzeugung, Körper und Geist seien nur zwei verschiedene Erscheinungsformen eines Daseins. Emotion ist für ihn eine Form von Denken. Er entwickelt eine kognitive Emotionstheorie. Danach unterscheidet er *aktive* Emotionen und Gefühle, die uns positiven Antrieb geben und *passive* Gefühle, die uns als Reaktion auf nicht erfüllte Erwartungen enttäuscht, verletzt und entnervt zurücklassen. Nur Nachdenken über uns und die Welt kann uns zu einer gewissen Glückseligkeit verhelfen.

Diese abrißartige Skizze wichtiger philosophischer Diskussionen über das Wesen und das Warum von Gefühlen, sollte wenigstens flüchtig einen Hintergrund aufleuchten lassen, ohne den unsere heutigen Gedanken zum Thema nicht das wären, was sie sind. Viele Menschen sind immer noch der Überzeugung, Emotionen seien nicht nur irrational, sondern sogar nichtrational. Wir sehen jedoch, daß es bereits eine jahrhunderte-, ja jahrtausendealte Tradition gibt, Kognition, also Erkennen oder Verstehen, in die Theorien zu den Gefühlen einzubeziehen. Nur vor diesem Hintergrund konnte die Frage nach der Vernunft, der Rationalität von Emotionen und Gefühlen gestellt werden. Heute hält sie Hirnspezialisten von Weltrang wie Edelman, Damasio oder LeDoux in Atem. Und sie haben andere wissenschaftliche »Werkzeuge« zur Verfügung als die erwähnten Philosophen.

Wenn Kant recht hatte, nichts Großes sei je ohne Leidenschaft hervorgebracht worden, dann dürfen wir nicht locker lassen zu fragen: Woher kommen Gefühle? Welche Voraussetzungen und Bedingungen brauchen sie in einem Menschenleben, um sich zu »vernünftigen« Gefühlen entwickeln zu können? Sind sie vielleicht der Anfang unserer Vernunft?

Wir können uns Antworten bei den Wissenschaftlern holen, die uns ganz neue und zum Teil noch kaum begangene Wege weisen. Auch ihre Arbeit und Erkenntnisse sind nur die bisher sichtbare Spitze eines noch verborgenen Eisberges.

Darwin: Die Verwandtschaft zwischen Tier und Mensch

Im 19. Jahrhundert geht ein Stern am Himmel der Humanwissenschaften auf: Charles Darwin (1809–1882). Er ist die zentrale Figur in der Biologie und gleichzeitig einer der Begründer einer neuen Disziplin: Psychologie.

Man kann sich fragen, ob seit seinem 1872 erschienenen Buch *Der Ausdruck von Gemüthsbewegungen bei dem Menschen und den Thieren* überhaupt noch einmal ein Werk zum Thema Gefühle eine solche Bedeutung erlangte.

Als er das Buch schrieb, hatte er sich bereits intensiv einer anderen grundlegenden Frage gewidmet. In *Über die Entstehung der Arten durch natürliche Zuchtwahl oder die Erhaltung der begünstigten Rassen im Kampfe um's Dasein* von 1859 beschreibt er, wie Lebewesen es fertigbringen, sich ihrer Umwelt anzupassen. Man könnte annehmen, daß für ihn auch Emotionen in diesen Zusammenhang gehörten, wahrscheinlich hatten sie für ihn ebenfalls eine Überlebensfunktion. Aber nein, so einfach sah er es dann doch nicht.

Was Darwin als echten Wissenschaftler, der sich gern auf beobachtbare Tatsachen stützte, interessierte, waren nicht in erster Linie die Emotionen, sondern ihr Ausdruck. Wie Gefühle von Tieren und Menschen, in Körpersprache, Mimik und Lautsprache umgesetzt ausgedrückt werden, das wollte er aufs genaueste untersuchen.

Er beschrieb Gefühlsausbrüche als Handlungsmuster,

als Form von Aktivität. Und er kam – erstaunlich für uns – zu der Überzeugung, daß sie auch dann noch auftreten, wenn sie vielleicht »nicht den geringsten Nutzen« mehr haben. Anders in unserer evolutionären oder persönlichen Vergangenheit: Da hätten sie schon einen solchen Sinn gehabt. Viele Gefühlsmanifestationen hätten eine reflexhafte Basis, so daß heute manche Handlungen oder Phänomene ganz unabhängig von irgendeinem Nutzen zustande kommen, nur weil sie von Umständen oder Situationen ausgelöst werden, in denen sie ursprünglich einmal einen Sinn hatten. Und er nennt unzählige interessante Beispiele dafür: Lachen, das ohne jeden Nutzen für irgendeine Aufgabe auftritt, Tränen, die nicht mehr die Funktion haben, die Augen feucht zu halten. Diese Funktion oder der Nutzen waren jedoch durchaus einmal da, nämlich in unserer animalischen Vorgeschichte oder in unserer frühen Kindheit. Er erklärte, das Weinen eines Erwachsenen habe seine Wurzeln in Babyschreien. Tränen hätten bei Säuglingen den Sinn, ihre Augen zu schützen, wenn sie diese beim Schreien zusammenkneifen. Bei Erwachsenen hingegen sei das nicht mehr notwendig. Trotzdem vergießen sie noch Tränen. Menschen, die wir lieben, nähmen wir in den Arm. Darwin erklärte das damit, daß wir Babys in die Arme nehmen.

Die moderne Psychologie würde sich dieser Auffassung anschließen. Allerdings ginge sie in ihrer Erklärung weiter: Daß wir Babys in den Arm nehmen, daß wir sie herzen, küssen und dabei ansehen, entspricht einem genetischen Programm. Es ist eine Grundausrüstung von Eltern, die sie nicht erst lernen müssen. Und nun das Wichtigste: Dieses Grundmuster kann sich wie viele andere genetisch angelegte allerdings nur dann entfalten, wenn diese Eltern als Babys ebenfalls in den Arm genommen worden sind.

Ein Psycho-Biologe unserer Zeit würde noch hinzufügen, daß dieses »Hugging« (In-den-Arm-Nehmen und Streicheln) die Ausschüttung bestimmter friedlich stimmender Lust-Botenstoffe, sogenannter Endorphine, anregt. Darum schließen wir – und unsere Verwandten, die Primaten – uns so ausgiebig gegenseitig in die Arme, wenn wir Frieden schließen wollen. Politiker machen davon reichlich Gebrauch, um das Millionen vor laufenden Fernsehkameras zu beweisen. Ja, sie küssen sich sogar – wahrscheinlich nicht, weil sie sich gegenseitig physisch so attraktiv finden. Gefühlsgesten wirken eben immer stärker und überzeugender als Worte.

Viele emotionale Ausdrucksformen sind für Darwin also eher körperliche Relikte, Überbleibsel aus einer anderen Epoche – wie zum Beispiel der für uns scheinbar nutzlose Blinddarm.

Der Forscher stellt eine ganze Liste von Ausdrucksmustern und den sie begleitenden körperlichen Erscheinungen für bestimmte Gefühle auf.

Gefühl	Ausdrucksmuster	körperliche Erscheinung
Wut	die Fäuste ballen	Muskelkontraktion
Angst, Furcht	Zittern	Muskelkontraktionen
Schmerz	Schreien	Aktivierung des Stimmapparats
Scham	Erröten	Blutgefäßreaktion
Vergnügen, Freude	Lachen	Atemreaktion
Schmerz	Schwitzen	Aktivierung der Schweißdrüsen

Alle diese physischen Reaktionen und Ausdrucksformen von Emotionen sind für Darwin eine Art Urerbe. Gefühle selber haben darum für ihn eine »primitive« Qualität. Sie sind die Bindeglieder zur Vergangenheit unserer Spezies, aber auch unserer individuellen Vergangenheit. Das erklärt für ihn auch, warum wir sie willentlich nicht voll beherrschen können. Und obwohl sie der Verständigung von Menschen untereinander dienen, weisen sie doch auf unsere animalische und kindliche Herkunft hin.

Die kanadischen Emotionsforscher Keith Oatley und Jennifer Jenkins meinen, Darwins Botschaft könne auch noch in einem anderen Sinn verstanden werden: »Vielleicht sollten wir als erwachsene Menschen fähig sein, uns über unsere tierische und kindliche Herkunft zu erheben!« Sie weisen auch darauf hin, daß diese Botschaft in unserer Zeit immer wieder eifrig aufgegriffen werde, wenn Emotionen als kindlich (sogar kindisch), typisch weiblich (!), zerstörerisch und als rationalitätsfeindlich dargestellt werden.[17] So wird das alte Mißtrauen der Stoiker in die Gefühle von Darwin wieder neu geschürt. Er jedoch stützte es mit seinen biologischen Beobachtungen. Unabhängig davon, wie wir zu seiner Erklärung stehen, hat er jedoch in seinem Konzept der Entwicklungsgeschichte (Darwin selber benutzte das Wort »Evolution« nicht) und seinen präzisen Beobachtungen die wichtigste wissenschaftliche Basis für das heutige Verständnis von Emotionen gelegt.

Darwin benutzte dazu ganz neue Forschungsmethoden. Er legte seine Untersuchungen auf breitester Basis an, beobachtete emotionale Ausdrucksformen sowohl bei Tieren als auch bei Menschen – Kindern und Erwachsenen – und stützte sich insbesondere auf Vergleiche zwischen verschiedenen Kulturen. Auf diese Weise wollte er zeigen, daß es in der Entwicklungsgeschichte der

Spezies Mensch eine wirkliche Kontinuität gab, in der sich Gefühle und auch die physischen Grundlagen des Geistes entfalteten. Als einer der ersten benutzte er dazu systematische Fragelisten, die er an Missionare oder andere Personen schickte, um sie aufzufordern, Menschen anderer Kulturen zu beobachten. Sie sollten auf besondere Ausdrucksweisen von Gefühlen achten. Als Antwort bekam er immerhin 36 seiner Fragebögen zurück.

Außerdem analysierte er Gemälde und Fotografien und dokumentierte sein Buch über die Gefühlsausdrücke mit Fotos. Zum ersten Mal wurden darin Gesichter gezeigt, nicht wie bisher üblich, um den Charakter daraus abzulesen, sondern um bestimmte Gefühle mit ihrer dazugehörigen Mimik und Körpersprache in Zusammenhang zu bringen.

James: Emotion kommt aus dem Körper

Die Frage »Was ist ein Gefühl?« beschäftigte in jenen Jahren auch den Harvard-Assistant-Professor für Philosophie William James (1842–1910). 1884 veröffentlichte er seinen Essay »What is an Emotion?«. Von Beobachtungen an sich selbst und dem allgemeinen physiologischen Wissen seiner Zeit ausgehend, beschrieb er, was mit einem Menschen passiert, der sich plötzlich einem gefährlichen wilden Tier, zum Beispiel einem Bären, gegenüber sieht: Er nimmt das beängstigende Wesen (»the exciting fact«) zunächst wahr, beginnt zu zittern, sein Herz rast, er rennt in wilder Flucht. Das Gefühl der Angst, das der Flüchtende empfindet, ist nach James das, was er an körperlichen Veränderungen an sich wahrnimmt – und nicht umgekehrt. Also entgegen der eher verbreiteten Meinung, der Mensch renne und zittere, weil er Angst habe, käme umgekehrt die Angst aus diesen körperlichen Reaktionen. Sie erst bewirkten seine Angst. James sagte, wenn wir uns vorstellen, bei einem starken Gefühl, einer heftigen Emotion, alle unsere körperlichen Reaktionen auszuklammern, so bleibe vom Gefühl nichts übrig. Das heißt mit anderen Worten: Die körperliche Reaktion – Herzklopfen, Zittern, Übelkeit, Schwitzen, Anspannung der Muskeln – ist das Gefühl. Wenn wir wahrnehmen, was mit unserem Körper vor sich geht, dann kommen unsere Erinnerungen und Phantasien ins Spiel und veranlassen uns, der physischen Empfindung das Etikett für dieses oder jenes Gefühl aufzukleben.

Einige Jahre lang war dies in Amerika die vorherrschende Theorie über Emotionen. Tatsächlich läßt sich experimentell nachweisen, daß die Simulation körperlicher Reaktionen Gefühle intensivieren kann. Vielleicht ist Ihnen schon einmal aufgefallen, daß auf dem Höhepunkt des Nervenkitzels in einem Thriller der Soundtrack uns häufig einen heftig hämmernden Herzrhythmus zuspielt. Wenn uns das nicht bewußt wird, empfinden wir es wahrscheinlich als unseren eigenen erregten Puls. Viele Streß abbauende Übungen nutzen diese Verknüpfung von körperlichen Symptomen und psychischem Empfinden, um über das »Management« der physiologischen Vorgänge die Angst und den Streß zu verringern. Auf diese Weise wird man sich seines Körpers mehr und mehr bewußt und lernt zum Beispiel, die Atmung oder gewisse Muskelspannungen zu kontrollieren.

James war darüber hinaus der Meinung, daß Emotionen »Farbe und Wärme« in unser Leben brächten. Ohne sie wären unsere Erlebnisse blaß und farblos.

Cannon: Emotion ist Auslöser
von Symptomen

Ein anderer Wissenschaftler, Walter B. Cannon (1871 bis
1945), experimenteller Physiologe, widersprach der James-
schen Theorie ganz energisch. 1927, als er sein Buch *Wisdom of the Body* (»Weisheit des Körpers«) erstmals veröffentlichte, konnte er allerdings auf andere Beobachtungs-
techniken und ein anderes Wissen zurückgreifen als James.
Cannon erklärte, wie das vegetative Nervensystem (auch
autonomes Nervensystem in Unterscheidung zum Zen-
tralnervensystem genannt) funktioniert – wie es innere
Organe und ihre Arbeit steuert, Herzrhythmus, Atmung,
Speichelabsonderung, Magenkontraktionen und -sekre-
tionen usw. Er demonstrierte, daß eine Stimulierung einer
bestimmten Region in der Tiefe des Gehirns, des Hypothalamus, zwar zu allen von James beschriebenen körperlichen Reaktionen führte, aber keine Emotion auslöste.
Er konnte sogar genau die Zeit messen, die es brauchte,
bis ein Signal vom Hypothalamus die körperliche Reaktion auslöste – z. B. Zittern oder Schwitzen. Und er fand,
es dauerte viel zu lange, als daß diese Symptome als Ursache für Emotionen in Frage kämen. Nein, es mußte umgekehrt sein![18]

Psycho oder somatisch?

Die Frage scheint nichts von ihrer Aktualität eingebüßt
zu haben.

Die amerikanische Psychologin und Molekularbiologin des NIH (National Institute on Health), Candace B.
Pert, hielt auf einem internationalen Meeting der Gesellschaft für Emotionsforschung in Harvard einen Vortrag

über ihre Entdeckungen von Neuropeptiden und anderen »Emotionsmolekülen«. Ihr Vortrag erregte großes Aufsehen.

Einige Jahre vorher, 1972, hatte sie eine Entdeckung gemacht, welche die wissenschaftlichen Gemüter bewegte und die Forschung der Neurobiochemie um einen Riesenschritt voranbrachte: Sie fand den ersten Opiatrezeptor. Das heißt, sie konnte das Molekül, aus dem dieser Rezeptor besteht, im Gehirn nachweisen und seine Formel entziffern. Ein Opiat ist ein körperfremder Botenstoff (in Medikamenten wie Morphium enthalten), der auf die emotionale Befindlichkeit wirkt.

Candace B. Perts Schlußfolgerung: Wenn im Gehirn ein solcher Rezeptor vorgesehen war, dann mußte es auch körpereigene Opiate geben, das heißt vom Körper selber produzierte Stoffe. Ihre Vermutung bewahrheitete sich. Man fand in der Folge ihrer Entdeckung eine Reihe solcher Substanzen: die Endorphine, die der Körper produziert, um uns vor allem bei Schmerzen oder seelischen Belastungen Beruhigung und Wohlbefinden zu verschaffen. Seitdem finden Forscher immer wieder neue solche Botenstoffe und auch die dazugehörigen Rezeptoren, die alle ein wenig unterschiedlich sind.

Die Entdeckung des ersten Opiatrezeptors – für uns hört sich das vielleicht nach nichts Besonderem an. In der Hirnforschung war es eine Sensation.

Candace B. Pert, die sich also eingehend mit physiologischen Vorgängen befaßt, die Emotionen begleiten oder auslösen, wurde auf diesem Kongreß unerwartet die berühmte James/Cannon-Frage gestellt: »Woher kommen nun die Emotionen?« Aus dem Körper, um vom Kopf wahrgenommen zu werden, wie James meinte, oder, nach Cannon, aus dem Kopf, um dann »hinunter« in den Körper zu gelangen?

Die Wissenschaftlerin war einigermaßen perplex. »Dann plötzlich«, berichtet sie, »hatte ich ein großes Aha-Erlebnis: ›Das ist es, beides stimmt! Es handelt sich nicht um Entweder-Oder. Tatsächlich geht es um beides und keins von beiden! Es handelt sich um eine gleichzeitige Zweibahnstraße (a two-way street)‹, sprudelte ich heraus. Mir war gerade bewußt geworden, daß die Lösung eines Problems, das vor über einem Jahrhundert auftauchte, auch der Schlüssel zu einer sehr modernen Frage war: Wie können Gefühle den Körper verändern, indem sie entweder Krankheit oder ihre Heilung bewirken, indem sie Gesundheit erhalten oder untergraben?«

Und sie erinnert sich an etwas, das ihr ein Arzt aus der Mayo-Klinik, Elmer Green, Pionier in der sogenannten Biofeedback-Technik, erklärt hatte: »Jede Veränderung eines physiologischen Status (Zustands) geht mit einer angepaßten Veränderung im Emotional-Geistigen, im Bewußtsein oder Unbewußten einher. Umgekehrt geht jede Veränderung des geistig-emotionalen Zustands, des Bewußtseins oder des Unbewußten, mit einer Veränderung des körperlichen Zustands einher.« Im letzten Kapitel werde ich dies im Licht der neuen Entdeckungen der Molekularbiologie, der Forschung über die Botenstoffe und ihre Rezeptoren, erklären.

Ich weiß nicht, ob Sie die begeisterte Erregung der Wissenschaftlerin bei ihrem »Geistesblitz« nachvollziehen können. Vielleicht muß man wie sie erfahren haben, wie mühsam, mit wieviel vergeblichen Ansätzen in diesem Forschungsgebiet kleinste Erkenntnisse erkämpft werden, die dann zusammen schließlich zu einer neuen Einsicht wie dieser führen. Wir sind es gewohnt, solche Forschungsarbeit aufbereitet und unendlich vereinfacht in Zeitungen, Zeitschriften und im Fernsehen als Resultat präsentiert zu bekommen, das sich dann wie ein Steppenfeuer ausbreitet und schnell zur Banalität verkommt. Bedenken wir jedoch, um die Dinge richtig einzuschätzen, wie schwer sich die moderne Medizin immer noch tut, um den Begriff »psychosomatisch« zu verdauen. Genaugenommen ist er widersinnig. Denn wenn wir den Arzt der Mayo-Klinik richtig verstehen, dann ist doch jede Krankheit und jede Heilung oder Besserung sowohl »psycho« als auch »somatisch«. Welchen Sinn macht dann nach einem wirklich neuen Verständnis dieser Begriff, der doch erneut voraussetzt, beides sei eigentlich erst einmal getrennt und könne hin und wieder einmal auch zusammengesehen werden? Welcher Arzt blickt da wirklich durch? Waren Sie nicht gestern erst bei einem, der Ihnen erklärte, Ihr Magenleiden sei »psychosomatisch« oder auch einfach »psychisch«? Fühlten Sie sich nicht sofort ertappt wie einer, der eigentlich in die Klapsmühle gehört? Oder schuldig (wie Damasio uns erklärt hat)? Dann aber sprach er Sie zumindest, was die Ursache Ihrer Migräne betrifft, frei: Die nämlich, so habe man endlich herausgefunden, sei durchaus physiologisch bedingt. Am liebsten hätten Sie es sich schriftlich geben lassen, um es den Arbeitskollegen zu zeigen, die, wie Sie genau wissen, denken, Sie seien völlig »neurotisch«. Nun stehen Sie doch wenigstens mit dem Übelkeits-Kopfschmerz nicht mehr wie ein Irrer da!

In Wahrheit müßte das neue Verständnis dazu führen, daß man nicht mehr jeweils einen Aspekt des Ganzen verantwortlich macht oder ausschließt – die Psyche oder den Körper. Dieses Entweder-Oder kann es dann eigentlich nicht mehr geben. Allerdings haben unsere Krankheiten meist eine Vorgeschichte, die in unserem Bewußtsein (unserer Wahrnehmung) zeitweise mehr auf der einen oder der anderen Seite liegen. Trotzdem sind immer beide gleichzeitig beteiligt.

Der Hirnforscher Damasio spricht von dem »Irrtum Descartes'«, weil er zeigen will, daß die vom Cartesianismus vorgenommene Trennung so unrichtig wie eben leider auch hartnäckig ist. Es fällt schwer, ein jahrhundertelang akzeptiertes Postulat aufzugeben und ganz neu zu denken. Und glauben Sie nicht, daß etwa die Wissenschaftler, die an der eben geschilderten Forschung beteiligt sind, sich leicht damit tun. Den Hypothesen und Entdeckungen gehen manchmal erbitterte Kämpfe oder jahrelanges Strafen durch Nichtbeachten voraus, eben weil von vielen der Boden der cartesianischen Dichotomie nicht aufgegeben wird.

Die Wissenschaftlerin Candace B. Pert kann ein Lied davon singen. Sie war noch sehr jung, als sie ihre erste aufregende Entdeckung machte. Und sie ist eine Frau. Im streng hierarchisch geordneten System eines so renommierten amerikanischen Forschungsinstituts wie dem NIH mußte sie rudern, um die Nase über Wasser zu halten. Andererseits bekam sie auch Anerkennung, Unterstützung und finanzielle Förderung, wenn sie es gar nicht erwartet hatte. Da sie sich voller Leidenschaft für ihre Arbeit einsetzte und letztlich damit auch recht behielt, hatte sie unter den überwiegend männlichen Kollegen bald den Ruf weg, zu emotional zu sein.

Begleiten Sie mich jetzt auf einen Ausflug ins Konkrete. Am Beispiel unseres größten Organs, der Haut nämlich, und ihrer Reaktionen und Funktionen wollen wir verstehen, was Candace B. Pert meint.[19]

III. Die Haut – unser zweites Gehirn

Wenn Darwin die Kontinuität der menschlichen Entwicklung in den Emotionen zeigt, dann springt
uns auch das »Neue« am Menschen im Vergleich zu seinen Vorfahren buchstäblich ins Auge. Zunächst der aufrechte Gang. Hat er uns veranlaßt, überheblich zu werden – eine Eigenschaft, die noch niemand bei Tieren beobachtet hat? Eine differenzierte Mimik. Menschen setzen,
um Gefühle auszudrücken, Gesichtsmuskeln ganz anders
ein als andere Säugetiere, einschließlich der uns in vielem so ähnlichen Primaten. Dies wird besonders augenfällig, weil Menschenhaut nur teilweise oder gar nicht von
Haaren verdeckt wird. Dies ist der dritte, sofort sichtbare Unterschied: Menschen sind nackt. Und während sie
ihr Fell verloren, hat ihre Haut ganz andere, viel emp-
findsamere Wahrnehmungen hervorgebracht als die eines
Tiers.

Die evolutionäre Entwicklung der Haut vollzieht sich
nicht gesondert: Sie ist eng verbunden mit der zuneh-
menden Entwicklung des menschlichen Gehirns und dieses wiederum mit dem aufrechten Gang, der neuerwor-
benen Freiheit der Arme und Hände, des Mundes und
der Sprache. Gleichzeitig und in engem Zusammenhang
damit entstehen auch ganz neue Sitten, mit dem Nachwuchs umzugehen. Die kleinen Menschenkinder kommen
vergleichsweise vorzeitig aus dem umhüllenden Mutterleib und werden nun besonders ausgiebig und lange von
den Armen der Eltern umhüllt. Darum wurde die Haut
zum wichtigsten Sinnesorgan eines Babys. Sie war und ist

neben dem Geruch sein bester »Nahsinn«. Die »Fernsinne« Hören und Sehen bekommen später mehr Bedeutung, wenn das selbständiger werdende Kind den Kontakt zu seiner Mutter häufiger über eine gewisse Entfernung aufrechterhalten muß.

Obwohl in unserem Erwachsenenleben die Fernsinne eine vorrangige Rolle spielen, behalten in unseren sozialen Kontakten die Nahsinne eine Bedeutung, die wir meist völlig unterschätzen. Nicht nur unsere Sprache verrät das.

Die Haut spricht und versteht

Fahren Sie nicht manchmal aus der Haut? Waren Sie neulich besonders dünnhäutig und hätten sich gern ein dickeres Fell angeschafft? Wurden Sie blaß und rot vor Aufregung, Ärger oder auch Freude? Hatten Sie Berührungsängste oder brauchten Sie jemanden zum Kuscheln? Waren Sie elektrisiert, als er oder sie flüchtig Ihren nackten Arm streifte, oder wichen Sie abwehrend zurück? Ging Ihnen das womöglich unter die Haut? Hand aufs Herz.

Spätestens bei dieser Eigenberührung – Haut auf Haut – spüren Sie es: Ihre äußere Hülle ist ein Sinnesorgan. Sie fühlt, wenn sie gestreichelt, geküßt, gedrückt, gekniffen, gekratzt, massiert, eingerieben, verletzt wird. Aber sie teilt auch einiges mit. Sie ist Sender und Empfänger zugleich. Signale nimmt sie intensiver auf, wenn heftige Gefühle sie begleiten. Wenn wir lieben zum Beispiel, scheint sie gierig nach jeder Berührung. Die Haut spricht und versteht. Sie ist ehrlicher als Worte. Oft ist uns das überhaupt nicht recht: Wenn wir vor Scham oder Verliebtheit erröten oder vor Aufregung feuchte Hände kriegen. Oder wenn uns eine unangenehme oder auch eine lustvolle Berührung Gänsehaut macht, so daß sich jedes Härchen aufrichtet.

Manchmal sind die Botschaften der Haut sogar, ohne daß wir es merken, im Widerspruch zu dem, was wir laut erklären. »Wie nett, Sie wieder einmal zu sehen!« sagt Ines zu einem Kollegen im Fahrstuhl und versucht gleichzeitig – trotz der Enge – vor einem Hautkontakt zurückzuweichen. Kleine Schweißperlen bilden sich auf ihrer Stirn und unter den Armen. Sie kann Manfred nicht ausstehen. Hautnähe mit ihm versetzt sie regelrecht in Panik. Unsere Haut kann uns auch über unbewußte Empfindungen aufklären. Sophie fand Peter bei der ersten Begegnung ganz in Ordnung. Er sah gut aus und war nett. Trotzdem ließ sie sich ein bißchen widerstrebend von ihm ins Café einladen. Als er dort seine Hand auf ihre legte, eigentlich behutsam und freundlich, schauderte es sie. Sie schreckte vor der Berührung zurück, als habe eine Leichenhand sie berührt. Von diesem Moment an wußte sie, daß sie ihn nicht mochte, ja sogar eine ziemliche Abneigung gegen ihn hatte.

Mit der Haut sehen

Mit der Haut können wir sogar sehen. Samtig oder seidig, rauh oder glatt, rund oder eckig. Wir fischen in der Unordnung unserer Handtasche blind nach einem Lippenstift und ziehen genau den richtigen heraus, obwohl sich mittlerweile mehrere dort angesammelt haben. Unsere Haut erkennt die Haut eines Menschen, den wir lieben, besser als unsere Augen. Wir wissen auch mit geschlossenen Lidern ganz genau, wie seine Lippen und seine Wangen geformt sind, wenn wir sie berühren. Das Bild, das sich unsere streichelnden Hände von seinem Körper machen, kann vollkommener und besser sein als das von unseren Blicken erzeugte.

Die Haut »erfaßt« Gegenstände am genauesten, wenn sie diese zum Beispiel mit den Fingerspitzen aktiv erkunden darf. Das gewonnene Bild ist exakter als bei einer passiven Erfahrung. Das heißt, wenn jemand ein Objekt an unserer Hand entlangbewegt, erkennen wir nicht genau, was es ist. Das »Hautsehen« funktioniert bei Kleinkindern noch zuverlässiger als bei Erwachsenen. Ein- bis Vierjährige spielen noch eine Weile ungestört weiter, wenn das Licht ausgeht. Sie können eben noch besser als wir mit den Händen und vor allem dem Mund »sehen«. Erst wenn sie ein Spielzeug ausgiebig in den Mund nehmen konnten, haben sie wirklich Bekanntschaft damit gemacht. Sie bekommen auf diese Weise noch einige zusätzliche Informationen, die ihnen das Sehen allein nicht verschaffen kann. So erfahren sie viel genauer, ob der Gegenstand ganz glatt oder rauh ist, elastisch oder fest, kühl oder kuschelwarm. Wir können auch mit dem Rücken sehen: Schreiben Sie jemandem mit dem Zeigefinger ein großes A auf den Rücken, dann vermag seine Haut es zu lesen. Wieso eigentlich?

Es erklärt sich daraus, daß wir schon früh im Leben, nämlich als Fötus, Wahrnehmungen aus einem Sinnessystem in ein anderes übertragen. So kann das ungeborene Kind einen Hörreiz als Berührungsreiz empfinden. Bis ins Kleinkindalter setzt es alle Sinne zusammen ein, um etwas zu erfassen. Wenn es geboren wird, hat es also, anders als man noch vor kurzem annahm, schon eine sinnvolle Wahrnehmung von der Welt, die sich ihm präsentiert. Diese Wahrnehmung ist noch »global«, eben weil es fähig ist, alle Sinne gemeinsam einzusetzen. Sie erfassen, »erfühlen« die Umwelt zunächst in der Nähe und dann wie in konzentrischen Kreisen immer weiter ausgedehnt.

So erfährt das Baby am Lebensanfang, wer und wie seine Mutter ist. Es macht nichts, daß sich seine Sehfähigkeit als letzter Sinn entwickelt hat. Es erkennt jenes Wesen, mit dem es sich noch eins fühlt, mit all seinen Antennen: Riechen, Schmecken, Hören, Tasten und seinem Sinn für Bewegungen. Wahrscheinlich vermitteln ihm diese Sinneserfahrungen in ihrer Gemeinsamkeit so etwas wie ein Wohlgefühl, wie Sicherheit, Geborgenheit. Ein erstes Liebesgefühl entwickelt sich. Diese Empfindung wird von nun an stetig reifen, denn jedesmal, wenn die Mutter auftaucht, fühlt es diese Wohligkeit und Beruhigung, es fühlt die Anziehung, die von ihr ausgeht. Wir werden später darauf zurückkommen, denn es wird sich zeigen, daß ein Baby oder ein Kleinkind nur dann bereit ist, die Welt zu erkunden, wenn es sich bei seinen Eltern sicher und geborgen fühlt. Das Neugeborene erfährt seine Umwelt vor allem durch die globale Erfahrung: »Mama«. Hier ist das Zentrum, von dem aus es seine Fühler ausstrecken kann. Später differenzieren, verfeinern sich die Fähigkeiten der einzelnen Wahrnehmungssysteme. Sie werden dabei auch im Laufe des Lebens ein immer vollkommeneres Zusammenspiel erreichen – in der Wissenschaft nennt man das Integration.

Die Haut – Sinnes- und Seelenorgan

In der Liebe, einem Gefühl, das alle unsere Fähigkeiten, auch die unserer Wahrnehmungen, in Hochform bringt, setzen wir, dem neugeborenen Baby ähnlich, alles ein, um den anderen ganz zu erfahren. Nicht zuletzt erfahren wir dabei auch uns selber, unseren Körper, unseren Geist und unsere Seele neu. Manche Menschen erleben mit einem gewissen Erstaunen, zu welchen Empfindungen sie durch ihre Haut fähig sind. Erogene Zonen? Der ganze Körper ist ein sinnliches Gelände, wenn auch einige Quadratzentimeter mehr Berührungs-Rezeptoren haben als andere. Es genügt, sie zu erkunden. Mit Gefühl. Denn auch hier ist der »Wahrnehmungsverbund« am Werk: Jemand, der gleichgültig oder zerstreut mit der Hand über unseren Körper streicht, bewirkt nichts, vielleicht sogar Irritation. Eine feindselige Berührung können wir, gleichgültig wie kurz oder leicht sie ist, sofort identifizieren.

Wir ahnen, daß alles, was mit unserer Haut passiert, seelische Entsprechungen hat. Jedesmal, wenn Martina ihren Freund Benjamin leicht mit dem Knie berührt, wenn Elisabeth ihrem schreienden Baby beruhigend über den Rücken streicht, wenn Hartmut seinen Sohn beim Waldspaziergang kurz und kräftig an der Schulter packt – sieh mal, ein Raubvogel! –, wenn Erika Schweißhände bekommt, weil sie eine Akte nicht findet, jedesmal, wenn wir uns gegenseitig tröstend, ermunternd, liebevoll streicheln, drücken, auf die Schulter klopfen, passiert unendlich viel mehr als Berührung. Unsere Gefühle werden mobilisiert, unsere Wahrnehmung geschärft, unsere Aufmerksamkeit erwacht. Geheimnisvolle und komplizierte Regelkreise in unserem Nerven- und Hormonsystem werden angeschaltet und beginnen wie auf Kommando zu arbeiten. Die Informationen durchlaufen bestimmte Hirnbereiche, fließen gleichzeitig von diesen in entsprechende Körperzonen (nicht nur die Haut!) und von da aus in entgegengesetzter Richtung ins Gehirn.

Die Haut, der Spiegel unserer Seele. Was wäre, wenn sie viel mehr wäre, wenn sie selber Seele, Psyche wäre?

Vieles spricht dafür. Die Wissenschaft erforscht seit einigen Jahren die Haut als Sinnes- und Seelenorgan. Dabei fördert sie Dinge zutage, die uns nie bewußt waren, Zusammenhänge, von denen wir kaum etwas ahnten. Kein

Wunder also, daß wir uns ständig mit unserer erstaunlichen Hülle befassen, die mehr ist als eine Umhüllung unserer »Innereien«. (Als Kind stellte ich mir den menschlichen Körper als eine Art Wurst vor: Eine äußere Pelle hielt zusammen, womit sie ausgestopft war – Fleisch, Knochen, ein Herz, eine Lunge und einen Magen und vor allem Blut. Wenn man hineinpiekte, dann floß das Blut heraus. Nicht auszudenken, was passierte, wenn sie aufgeschnitten oder -gerissen würde. Dann würde alles herausfallen.) Die Haut ist die Grenze unseres Körpers nach außen, das Gefäß, in dem er enthalten ist und gleichzeitig eine durchlässige »Membran«, Zwischenwand, zwischen dem Innen und dem Außen, dem sie einen gewissen Austausch erlaubt. Auch die Berührung zweier solcher Membranen in der Umarmung mit dem anderen erlaubt und begünstigt einen Austausch.

Ein Hormon,
das Lust und Bindung erzeugt

Bei Verliebten entsteht sexuelle Erregung, die unser Inneres hinlänglich in Aufruhr versetzt. Die Hirnanhangdrüse (Hypophyse) bekommt dann ein Signal, das sie zur Ausschüttung des Lusthormons Oxytocin anregt. Es steigert ebenso die Lust, wie es die Fähigkeit, emotionale Bindungen einzugehen, fördert. Während der Geburt regt es bei Frauen übrigens die Uteruskontraktionen und danach die Milchsekretion an. Außerdem spielt es eine bedeutende Rolle, wenn wir soziale Bindungen eingehen.

In einem Tierversuch mit Ratten wies ein Forscher des Scripp-Instituts in La Jolla, Kalifornien, nach, daß Oxytocin das Brutpflegeverhalten, also die Fürsorge für die Jungen, fördert und sogar hervorbringt. Rattenmännchen, für gewöhnlich eher rabiat – sie fressen gelegentlich sogar ihre eigene Brut auf –, können sich zu fürsorglichen Vätern entwickeln, wenn man ihnen Oxytocin spritzt. Der Forscher injizierte das Hormon einem ziemlich rabiaten Rattenbock in eine bestimmte Hirnregion und legte neugeborene Rattenjunge zu ihm in den Käfig. Der Raufbold begann die Kleinen fürsorglich zu lecken, ihnen ein Nest zu bauen und sie gegen Feinde zu verteidigen. Und das Erstaunlichste: Eine einmalige Oxytocin-Injektion genügte, um eine dauerhafte Veränderung hervorzurufen.

Ähnlich rührend benahm sich ein etwa ein Jahr alter Kater, den ich viele Tage lang vor dem Küchenfenster einer Freundin in einem südfranzösischen Dorf beobachtete. Der junge Katzenmann war dabei gewesen, als seine Mutter eben an jenem Fenster – zwischen der Glasscheibe und dem auf einer Seite geschlossenen Fensterladen – fünf kleine Geschwisterchen zur Welt brachte. Hinter dem Fenster konnten wir beobachten, wie er seiner Mutter regelrecht Geburtshilfe leistete, sie zärtlich wärmte, leckte und die neugeborenen Jungen sofort liebkosend sorgfältig abschleckte. Er blieb auch in den nachfolgenden Wochen bei seinem fürsorglichen Verhalten und paßte gut auf, daß die Kleinen nicht vom Fenster herunterfielen. Wir haben uns gefragt, was wohl einen Kater zu einem so ungewöhnlichen Verhalten veranlaßte. Vielleicht war es der hohe Oxytocinspiegel seiner Mutter während und nach der Geburt in der Säugezeit, von dem er durch sein ständiges Lecken der ganzen Katzenfamilie eine gute Portion abkriegte. Mir jedenfalls kam dieser Gedanke. Zudem wird wohl das überaus mütterliche Verhalten seiner Mama, das er selber als Junges genossen hatte, sein Verhalten so positiv sozial geprägt haben. Menschen gegenüber war er scheu.

Beim Menschen scheint die Wirkung entsprechend zu sein. Wenn ein Baby an der Mutterbrust saugt, wird über eine Oxytocin-Ausschüttung die Milchsekretion angeregt, und die Saugberührung zusammen mit den wechselseitig ausgesandten unverwechselbaren Duftsignalen erzeugt Lustgefühle. Diese »Wohl-Lust« fördert und festigt wahrscheinlich die Bindung zwischen Mutter und Kind von Anfang an. Die allerersten Saugversuche des Babys genügen schon, um diese einzigartige Beziehung ins Leben zu rufen. Vergessen wir jedoch nicht, daß die Mutter dazu ihr Kind liebevoll in den Arm nimmt, an ihren Körper drückt, streichelt, zärtlich zu ihm spricht und ihm in die Augen blickt. Ein ganzes Feuerwerk der Sinne und der Gefühle wird da entfaltet, ähnlich dem, wenn auch stiller, das Erwachsene im Liebesakt erleben. Das Hormon Oxytocin, das während der Geburt reichlich im Körper der Mutter vorhanden ist, bringt vermutlich auch das menschliche Brutpflegeverhalten in Gang. Die psychische Veränderung der Mutter während der Geburt erleichtert es ihr, sich gleich danach liebevoll und angemessen um ihr Baby zu kümmern, es zu liebkosen und zu küssen und mit ihm zu sprechen – ohne dies lernen zu müssen.

Haut an Haut mit der Mutter gedeihen Babys besser

Die Leiterin des Touch Research Institute in Miami, Tiffany Martini Field, hat schon vor vielen Jahren darauf hingewiesen, daß sich Babys und ganz besonders Frühgeborene viel besser entwickeln und zunehmen, wenn sie viel gestreichelt oder massiert werden. Um Frühgeborenen ein gewisses ständiges Hautwohlgefühl zu vermitteln, legt man sie in ihren Brutkästen auf ein kleines Lammfell, in das sie sich einkuscheln können. »Manche fühlen sich erst wohl, wenn sogar ihr Kopf leicht bedeckt ist. Am besten gedeihen solche Frühchen (wenn ihr physiologischer Zustand es erlaubt) am nackten Körper der Mutter. Wie ein Känguruh trägt sie das winzige Baby dabei unter der Bluse oder dem Pulli an der Brust. Diese Methode, Frühgeborene am Leben zu erhalten, war vor mehr als fünfzehn Jahren aus der Not in Bogotá, im Entwicklungsland Kolumbien, geboren worden. Hier standen einfach nicht genügend Brutkästen und andere technische Einrichtungen zur Verfügung, um dem Ansturm von zu früh geborenen Babys aus den ärmsten Familien gerecht zu werden. Nachdem Ärzte auf die Idee gekommen waren, sie von den Müttern direkt auf der Haut tragen zu lassen, ging die Frühgeborenensterblichkeit stark zurück. Die Kinder kamen sogar meist ohne Beatmungsgerät aus. Heute wird die sogenannte Känguruhmethode als zusätzliches Hilfsmittel in der Frühgeborenenmedizin häufig benutzt.

Man kann aus all dem schließen, daß eine enge biologische Verbindung zwischen Sexual- und fürsorglichem Elternverhalten besteht, ja daß diese Verbindung sogar bis ins allgemeine Sozialverhalten hineinreicht und es beeinflußt. Das Hormon Oxytocin spielt eine entscheidende Rolle in sozialen Beziehungen, besonders aber, wenn es darum geht, Bindungen einzugehen und aufrecht zu erhalten. So fragte die Psychologin Karin Grossmann von der Universität Regensburg auf einem Kongreß für Kinderärzte in Remscheid: »Müssen wir uns nicht Sorgen machen, was aus unseren sozialen Beziehungen wird, wenn in westlichen Zivilisationen Menschen sich nicht einmal mehr innerhalb der Familie in den Arm nehmen und wenn vor allem mit Kindern immer weniger ›geschmust‹ wird?«

Eine sozial- und lustverarmte Gesellschaft könnte das Resultat sein. Liebe würde keinen Spaß mehr machen. Denn wenn nicht genügend Oxytocin im Blut ist, können Sexualpartner zwar miteinander schlafen, aber sie empfinden – auch beim Orgasmus – kein rechtes Vergnügen und erleben danach keine angenehme Entspannung. Auch dies das Resultat einer wissenschaftlichen Untersuchung. Emotionales Sozialverhalten (wie Fürsorge für die Kinder und überhaupt für andere) war in der Entwicklungsgeschichte der höheren Säugetiere jedoch einer der wichtigsten Antriebe für das Wachstum und die Ausgestaltung des menschlichen Großhirns. In seinen Arbeiten über das Gehirn zeichnet der Hirnspezialist MacLean diesen Entwicklungsweg. An seinem vorläufigen Ende entfaltet sich auch die Fähigkeit zur Sprache mit den dazugehörigen »apparativen« Strukturen, die beim Affen noch nicht ausgebildet sind. Und mit der Sprache erwarb der Homo sapiens eine neue Freiheit zu denken und der Selbstreflexion. Wie sich später ausführlicher zeigen wird, gibt es also vom emotionalen Sozialverhalten eine Verbindung zu Sprache und Denken.

»Oxytocin ist der Liebling der Peptid-Revolution«, schreibt die Molekularbiologin und Psychologin Candace B. Pert. »Seine Bedeutung in der Peptid-Geschichte kann gar nicht überschätzt werden.«[20] Es wurde als erstes Peptid 1953 synthetisch außerhalb des Körpers hergestellt und brachte eine wahre Flut von Erkenntnissen in der Peptid- und Hormonforschung hervor.

Kein Wunder also, daß wir der Haut, diesem »in der Mitte zwischen zwei Welten«, die, von liebevollem Streicheln und Drücken angeregt, dem Gehirn das Oxytocin-Signal funkt und die Ausschüttung noch anderer körpereigener Beruhigungs- und Wohlfühlhormone – Endorphine – anregt, so viel liebevolle Pflege angedeihen lassen. Schließlich brauchen wir sie ein Leben lang. Sie läßt sich bis auf kleine Stücke nicht austauschen wie Leber, Niere oder sogar das Herz. Ihre Funktionen können niemals wie bei diesen anderen Organen auch nur minuten- oder stundenweise von Maschinen übernommen werden. Und das nicht nur, weil sie das größte, schwerste und ausgedehnteste Organ unseres Körpers ist.

Fühlen und Denken sprießen aus einer Wurzel

In der Vielfalt ihrer Fähigkeiten und Funktionen ist die Haut nur dem Gehirn vergleichbar. Sie macht ähnlich wie dieses unsere Identität, unsere Unverwechselbarkeit aus, ist ebenfalls Sender und Empfänger und außerdem Verbindung von Innen- und Außenwelt. Tatsächlich sind Haut und Hirn aufs engste verwandt. Man könnte die Haut als das nach außen gekehrte Gehirn bezeichnen.

Das wird sofort verständlich, wenn wir zum Anfang, zur Entstehung unseres Daseins, zurückgehen. Der menschliche Embryo »entfaltet« sich aus drei Zellschichten, die als Keimblätter bezeichnet werden. Aus einer davon, dem Ektoderm (»ekto« – griechisch »außen«) entstehen innerhalb der ersten Wochen die Anlagen von Gehirn – und Haut. So kann es uns kaum wundern, daß sich unser erster Sinn in der Haut entwickelt: die Empfindsamkeit für Berührung, die ihre entsprechenden Zonen auch schon im Gehirn herausbildet. Bereits in der achten Woche hat ein Embryo Rezeptoren für taktile Reize.

Was ist ein Rezeptor?

Ein Rezeptor ist ein Eiweiß-Molekül, das in der äußeren Zellmembran verankert ist und das bestimmte Informationssubstanzen (sogenannte Neurotransmitter und Neuropeptide, Hormone und Drogen) binden kann. Ein Rezeptor spielt sozusagen die Hauptrolle im Kommunikationsnetz des Körper-Geists – »bodymind« –, erklärt die Molekularbiologin Pert, denn nur durch ihn kann die Nachricht aus der Informationssubstanz empfangen werden. An den Rezeptoren findet darum auch die allererste Informationsverarbeitung statt. Taktile Nachrichten, zum Beispiel eine Berührung oder ein Kneifen, werden durch den Körper über viele Vermittlerinstanzen zum Gehirn übermittelt. Der Rezeptor ist also so etwas wie eine kleine Antenne auf der Membran der Zelle. Rezeptoren, die an der Oberfläche der Haut und in ihrer Tiefe sitzen, reagieren nicht auf chemische Reize, sondern ihrer Spezialisierung gemäß mechanisch auf Druck, auf Wärme oder Schmerz. Die Informationen, die sie erhalten, geben sie – ebenso wie andere Sinnesorgane: Ohr, Auge, Nase – an die Rezeptoren im Gehirn weiter, die dafür sorgen, daß sie zentral koordiniert und verarbeitet werden. Das heißt, sie werden mit anderen Informationen – z. B. aus Erinnerung und aktuell gleichzeitig erfahrenen andersgearteten Wahrnehmungen – in sinnvolle Beziehung gesetzt und für ein beantwortendes Handeln nutzbar gemacht: Das gestreichelte Kätzchen schnurrt, die gezwickte Hand zieht sich zurück, der Kopf wendet sich einem angenehmen Geruch, das Ohr dem Gesang zu. Wenn an irgendeiner Stelle dieser Verarbeitung (man kann es auch »Processing« nennen) eine Störung auftritt, wird unser Erleben unter Umständen bis zum Chaos in Unordnung ge-

bracht, so wie es im Extrem wahrscheinlich Autisten erleben. Jedenfalls deuten die wenigen Aussagen, die uns
von solchen Menschen vorliegen, darauf hin.

Die Haut als Schutzschicht, Membran und Sinnesorgan
mag zu diesem frühen Zeitpunkt noch unreif sein, sie
»funktioniert« jedoch schon. Sie leitet Nachrichten aus
der begrenzten Umwelt des Mutterleibs an das Gehirn weiter und hilft damit, es aufzubauen, zu strukturieren. Kein
technisches System könnte im Zustand solcher Unfer-
tigkeit schon seine Funktion aufnehmen und gleichzeitig schöpferische Kräfte entfalten, die nicht nur das eigene, sondern auch andere Systeme bis zu ihrer Endform
treiben.

Das Besondere, was die Entwicklung der höheren Säugetiere und vor allem des Menschen auszeichnet, ist, daß
jedes Organ mitsamt seinen dazugehörigen Entsprechungen im Gehirn nicht nur auf ein *genetisches Programm*,
sondern gleichzeitig auf eine damit sofort in Gang ge-
setzte *Funktion* angewiesen ist. Genetischer Bauplan und
Funktion sind notwendig, damit sich ein Organ zu seiner
Vollendung ausbildet.[21]

So gestaltet sich zum Beispiel die Hand eines Fötus,
einmal, weil sein Erbplan sie vorgesehen hat, aber auch,
weil sie schon in der unvollkommensten beginnenden
Strahlenform ihre »Arbeit« aufnimmt, sich bewegt, sich
krümmt und damit dem Gehirn ständig neue Informationen übermittelt. Diese Informationen über ihre »Arbeit«
(Funktion) und die dabei erfahrenen ersten Empfindungen reichern die Strukturen unseres Zentralorgans im
Kopf an. Aus diesen emsig aktiven Nervenstrukturen
kommen nun gleich wieder neue »Befehle« zurück zur
Hand, wie sie sich weiterentwickeln soll. Es ist von größter Bedeutung, dieses dynamische Grundprinzip mensch-

licher Entwicklung zu verstehen. Der gesamte Organismus mit all seinen Organ-, Gliedmaßen-, Wahrnehmungs-, psychisch-geistigen Systemen entfaltet sich so in ständigem Wechselspiel. Und dieses Wechselspiel ist noch unendlich vielfältiger, als wir es am Beispiel der Hand isoliert gezeigt haben. Denn in Wahrheit »bedingen« (brauchen) sich alle Systeme gegenseitig. Dies gilt ganz besonders für den Anfang der menschlichen Entwicklung. Noch beim Baby und Kleinkind, ja beim Schulkind, ist dieses Zusammenwirken erkennbar. Es macht die typisch menschliche »Plastizität« (Anpassungsfähigkeit, Formbarkeit) am Lebensanfang aus. Empfindungen spielen dabei von Anfang an eine Art Schlüsselrolle, denn sie sind die regsamsten »Vermittler« in dieser Entwicklungsdynamik. Und nur aufgrund dieser Plastizität mit den Wahrnehmungen und Empfindungen als Mediatoren konnten sich die menschliche Psyche und Intelligenz entwickeln.

Offenbar war es der Natur also sehr wichtig, daß möglichst früh schon Empfindungen aufgenommen werden (genauer: bestimmte Reize Empfindungen hervorrufen) können und daß sie im Gehirn ebenfalls so früh schon verarbeitet werden: Erstens, damit wir uns vor Gefahren schützen können, das heißt, damit wir nach dem Erkennen eines Außenreizes reagieren können. Ein Prinzip, dem auch unser Immunsystem folgt. Und zweitens zur Orientierung in einer zunächst kleinen Welt, in der schon Raum, Schwerkraft, Druck, Bewegung, Wärme eine Rolle spielen. Dürfen wir in diesem Geschehen zwischen Wahrnehmung, Verarbeitung im Gehirn und Reaktion eine Art Uremotion sehen? Sind solche ersten Empfindungen die Grundlage erster einfacher Emotionen?

Ein acht Wochen alter Fötus[22] macht heftige Fluchtbewegungen mit dem ganzen Körper, wenn ein für ihn bedrohliches Instrument in den Uterus eingeführt wird. Wie hat er es wahrgenommen, wenn es ihn noch nicht einmal berührt? Werden ihm über das veränderte »Klima« im Fruchtwasser (Bewegung des Wassers, Veränderung der Temperatur) feinste Signale zugespielt, die er auf der Körperoberfläche spürt? Ich habe dieses erstaunliche Verhalten am Ultraschallbildschirm mehrfach beobachtet. Es ist außerordentlich beeindruckend, ja fast erschreckend für den Beobachter, zumal der Fötus dabei häufig tatsächlich sein Leben zu retten versucht.[23]

Die renommierte amerikanische Kinderpsychiaterin Alicia F. Lieberman meint: »Die Rückzugsreaktion legt nahe, daß der Fötus bereits zu einer rudimentären Form eines Angstgefühls fähig ist.« Da sich diese Reaktion früher als andere (zum Beispiel annähernde) entwickelt, schließt sie daraus: »Dies mag darauf hinweisen, daß sich die Motivation zum Selbstschutz eher entwickelt und grundlegender für das Überleben ist als die Motivation, neugierig zu erforschen«[24] (im Englischen »to explore«). Angst in ihrem Urzustand könnte also so etwas wie unser erstes Gefühl sein.

Die Haut als besonders empfindsames und ausdrucksstarkes Organ trägt also am Beginn unseres Lebens zur Entwicklung unseres Gehirns bei. Hier haben wir bereits einen Schlüssel zu dem Phänomen des Fühlens. Wir werden sehen, daß auch die anderen sich entfaltenden Sinnessysteme schon sehr früh dazu beitragen. Entsteht so der Keim zu einem hochkomplexen Informationsnetz des gesamten Organismus, dessen zentrale Koordinationsstelle unser Fühl- und Denkorgan Gehirn ist? Entstammen Fühlen – mit all seinen körperlichen, emotionalen und kognitiven Facetten – und geistige Aktivität einer gemeinsamen Wurzel? Neue Forschungsarbeiten aus den unterschiedlichsten Gebieten deuten darauf hin.

Auch später im Leben unterstützt und fördert die Haut die Entfaltung unserer Hirnleistungen, sogar des Denkens, des Lernens und Verstehens. Ein Baby oder Kleinkind wird »klüger«, offener für soziale Kontakte, neugieriger, mutiger, entwickelt sich besser, wenn seine Mutter es häufig liebevoll in den Arm nimmt, streichelt und küßt.[25] Ein Schulkind kann nach den Beobachtungen der Entwicklungsneurologin Inge Flehmig eine schwierige Aufgabe besser lösen, wenn die Mutter es kurz, aber fest an der Schulter oder am Arm drückt. Auch jemanden, der nicht richtig zuhört, können wir so »wecken«. Seine Aufmerksamkeit wird geschärft. Dafür sorgt neben der taktilen Wahrnehmung ein anderer tiefer sitzender Sinn: Die Tiefensensibilität oder Propriozeption. Sie übermittelt dem Gehirn, genauer gesagt: der sogenannten Formatio Reticularis, Informationen aus Muskeln und Gelenken. Bei stärkerem Druck auf die Haut wird sie angeregt und läßt uns dann besser aufpassen. Kinder halten ihre äußeren und inneren Rezeptoren selber in Gang, indem sie sich balgen, toben, schubsen, anstoßen, Körperkontakt suchen.

Sogar für unsere aufrechte Haltung ist die Haut mitverantwortlich. Die Reize, die sie von allen Seiten erhält – angefangen an den Fußsohlen, dann am ganzen Körper durch die Kleidung, durch Berührung mit Gegenständen oder Menschen, bis zu den Fingerspitzen beim Erkunden und Benutzen von Objekten –, tragen zur Regulation des Muskeltonus (Muskelspannung) bei. Diese wiederum sorgt dafür, daß wir »auf dem Teppich bleiben«, die Füße auf dem Boden und den Kopf oben behalten. Auch ohne zu sehen, fühlen wir mit Hilfe der Haut und unserem Gleichgewichtssinn sowie den Informationen aus Muskeln und Gelenken, wo und wie wir uns in einem Raum befinden.

Jemand, der lange mucksmäuschenstill sitzen muß (wie ausgerechnet Kinder in der Schule!), bekommt keine solchen Reize mehr: Er wird müde und unaufmerksam. Beobachten Sie einmal sich selber und andere, wenn Sie lange reglos einem Konzert oder einem Vortrag zuhören. Nach einiger Zeit beginnen sich Leute hier und da diskret am Kopf zu kratzen, auf dem Sitz herumzurutschen, die Beine mal nach links, mal nach rechts übereinanderzuschlagen, vielleicht stoßen sie leicht ihren Freund oder ihre Frau neben sich an, falten die Hände, stecken sie unter die Arme, streichen über die Oberschenkel. Alles sinnvolle Mittel, unser Nervensystem und unseren Muskeltonus wachzuhalten. Natürlich bleiben wir oder werden wir dann auch geistig wieder aufmerksamer. Ohne jegliche Stimulation würden wir nicht nur müde, sondern so schlaff, daß wir regelrecht zusammenklappten. Wie der da drüben, der kopfüber eingeschlafen ist, bis ihn seine Begleiterin mit der Schulter antickt.

Unsere Psyche entscheidet, was der Reiz bedeutet

Liebende, die neugierig ihre Haut und ihren Körper gegenseitig ertasten, riskieren kaum, dabei einzuschlafen. Im Gegenteil, ihre Aufmerksamkeit ist ganz aufeinander konzentriert. Die psychische Grundsituation spielt hier jedoch eine entscheidende Rolle. Wenn wir nämlich eher in Kuschelstimmung sind und Geborgenheit suchen, werden durch Umarmen und Streicheln nicht die erregenden, sondern die beruhigenden Botenstoffe freigesetzt.

Bei Berührungen trifft also unsere psychische Disposition die Wahl unter ihren Wirkungsmöglichkeiten: beruhigend, anziehend erregend oder abstoßend erregend. Ein perfektes Zusammenspiel von Körper und Psyche, ein Beispiel unseres ganzheitlichen Erlebens.

Die Haut mit ihren Berührungs-, Tiefen-, Wärme- und Schmerzrezeptoren ist der Ort, an dem auch Nichtspezialisten ohne Mikroskop, ohne Positronen-Emissions-Tomographie (PET) und Labor ihre eigenen »Feldstudien« machen, das heißt ganz einfach beobachten können, wie wir als Körper-Seele-Geist-Einheit »funktionieren«. Wenn wir einmal innehalten und aufhören, unsere tägliche Umwelt und uns selber mit allem, was wir tun und fühlen, einfach selbstverständlich zu finden, sondern wie ein Kind, das endlos fragt, »Mama, was ist das? Mama, warum macht es das?«, alles ganz neu sehen, dann verstehen wir vielleicht ein bißchen besser, warum dieses merkwürdige Zusammenwirken unseres Körper-Gefühls-Verstandes Philosophen und Wissenschaftler seit Hunderten von Jahren in Atem hält. Wir selber können eine Reihe wichtiger Beobachtungen machen.

Damit das Fühlen funktioniert und die »erfühlten« Informationen ständig dem Gehirn übermittelt werden können, bilden sich in der Haut im Laufe ihrer Entwicklung immer mehr der dazu notwendigen Rezeptoren heran. Diese Tastkörperchen sind dicht unter der äußeren Schutzschicht über die ganze Körperoberfläche verteilt. Auf Lippen, Zunge und den Fingerspitzen sind es besonders viele: mehr als 2000 pro Quadratzentimeter. Kein Wunder, daß Küssen zu den bevorzugten und besonders ausgedehnten Beschäftigungen von Verliebten gehört und daß Babys und Kleinkinder alles in den Mund nehmen – Spielzeuge, unbekannte Objekte, ihre eigenen Finger und Fäuste, ihre Füße und unsere Hände. Wir sollten es ihnen nicht verbieten, wenn sie sich dabei nicht gefährden. So erkunden sie Dinge anfangs am besten.

Hautlernen und Hautkommunikation sind am Anfang unseres Lebens besonders wichtig. Ohne das bereits eingangs erwähnte variationsreiche Spiel von Streicheln, Küssen, Kitzeln, In-den-Arm-Nehmen, Herumtragen und Wiegen würde ein Kind sich nicht entwickeln können, sein Nervensystem würde verarmen. Es würde zugrunde gehen. So wie einige Säugetiere, wenn sie nach der Geburt nicht von der Mutter geleckt werden. Da unsere Wahrnehmungen sich nicht entfalten könnte mit all ihren Empfindungen, könnte es auch unsere Psyche nicht. Ein Kind, dem solche stets auch Gefühle übermittelnde Interaktion vorenthalten würde, auf das sich niemand mit sprachlicher und körperlicher Zuwendung einließe, könnte seelisch nicht in seinen Körper hineinwachsen. Es würde geistig und körperlich behindert und sich selber ein Fremder bleiben, ja es könnte sogar sterben.

In Sierra Leone, in Afrika, besuchte ich vor einigen Jahren ein Waisenhaus. Wenige Monate alte Babys lagen da unter einem Moskitonetz den ganzen Tag allein in ihren Bettchen. Ihr einziger »Gefährte« ein Fläschchen. Diese Kinder schienen keinen Kontakt mehr zum Leben zu haben. Ihre Blicke gingen ins Leere wie bei manchen im Zoo eingesperrten Tieren. Wie für diese gab es für sie keine Welt hinter den Gitterstäben. Die meisten lagen an diese Metallstäbe gepreßt in einer Ecke ihres Betts, so als hätten sie verzweifelt nach einer Begrenzung, nach Halt, nach Kontakt gesucht. Als ich fragte, was aus ihnen würde, zuckte die einzige Pflegerin die Achseln: »Wir haben keine Zeit für alle.« Die meisten, so erfuhr ich, starben noch vor dem Ende des ersten Lebensjahres – nicht an

Unterernährung. Da sie nichts erleben durften – nicht einmal ihre eigenen Empfindungen, denn die versiegten, weil niemand darauf reagierte –, konnten sie auch nicht leben.

Solche seelischen Mangelsituationen, in denen den Kindern Wahrnehmungserfahrungen, Liebe und Sprache entzogen wurden, haben Entwicklungspsychologen mehrfach am Beispiel der »wilden Kinder« oder der »Wolfskinder« dargestellt. Sie alle waren in erschütternder Einsamkeit aufgewachsen, teilweise in der Wildnis unter Wölfen (die immerhin auf ihre Weise sozial mit ihnen umgingen – nicht ausreichend jedoch für Menschenjunge), teilweise schlimmer noch: bei mißhandelnden Eltern. Alle waren dramatisch in ihrer körperlichen und seelisch-geistigen Entwicklung zurückgeblieben. Sie konnten nicht aufrecht gehen, die Sprache war ihnen »verlorengegangen«. Auch nach ihrer Rettung konnten die meisten nicht überleben.

Auch Erwachsene ertragen solche extremen Kommunikationsentbehrungen nur über einige Zeit. »Der Organismus stirbt, wenn die Hautstimulation aufhört«, schreibt der Anthropologe Ashley Montagu. Was nicht heißt, daß ein Erwachsener nur leben könnte, wenn er täglich ausreichend gestreichelt wird. Aber bestimmt fühlte er sich rundum besser und bliebe auch gesünder, wenn es so wäre. Die zum reinen Überleben und zu unserem (Mindest-)Wohlbefinden erforderlichen Reize bekommen wir auch über Kleidung und Bewegung, wenn wir uns waschen und frottieren, eincremen, kämmen, bürsten, schwimmen und nachts in eine Decke einhüllen. Manche wickeln sich ganz fest ein und fühlen sich geborgener und entspannter, wenn ihre Haut so von allen Seiten Informationen bekommt – wie ein Fötus im Mutterleib. Sicher ein Grund dafür, warum man in einigen Kulturen und auch bei uns früher Babys so fest wickelte. Wenn sie anfangs nach der Geburt nicht wie im Mutterleib einige Begrenzungen um ihren Körper herum spüren, empfinden sie so etwas wie Angst und wahrscheinlich Chaos. Sie brauchen taktile Reize, um sich orientieren zu können. Ihre Bewegungen wollen nicht überall auf Leere stoßen. Wenn sie nicht bei der Mutter schlafen, rutschen sie oft in eine Ecke ihres Bettchens. Ihre Stirn sucht einen Kontakt. Auch Erwachsene bohren sich oft in viele Kopfkissen, bevor oder während sie schlafen. Offenbar beruhigt es.

Frühgeborenen in der Klinik bauen die Schwestern in ihren Brutkästen darum ein richtiges Nest, und manche dieser Kleinsten fühlen sich nur wohl, wenn sie ganz und gar bis über den Kopf zugedeckt sind.

Sehen wir uns unsere nächsten Verwandten an, die Affen: Sie tragen ihre Jungen am Körper mit sich herum. Junge, ihrer Mutter beraubte Äffchen in Gefangenschaft, klammern sich, wenn man ihnen einen Ersatz anbietet, nicht an eine mit einem Milchfläschchen ausgestattete Drahtmutter, sondern lieber an eine Fellattrappe, auch wenn die keine Nahrung spendet. Das zeigten die berühmten Beobachtungen und Filme von Harry Harlow in den fünfziger Jahren. Der Zuschauer kann bei diesen Bildern der verwaisten Affenkinder nicht ohne erschütterte Anteilnahme bleiben.

Junge und erwachsene Affen sind ständig mit gegenseitiger Fellpflege, dem sogenannten Grooming, beschäftigt. Es ist nicht nur vergnüglich und wohltuend, sondern erhält Bindung und den Frieden in einer sozialen Gemeinschaft. Man kümmert sich in angenehmer hautnaher Zuwendung umeinander – kleine Liebesbezeugungen. Oft ist es auch eine Auszeichnung, die der Kraulende dem Gekraulten zukommen läßt.

Beim nackten Affen Mensch ist sogar der letzte Überrest solcher sozialen Fürsorglichkeit abhanden gekommen: das gegenseitige Lausen. Im Frankreich des 14. Jahrhunderts war das durchaus noch üblich und salonfähig, schreibt der Historiker Georges Vigarello in seinem Buch *Wasser und Seife, Puder und Parfüm*. Man machte es im Bett und am Kamin, »die Maîtressen lausen ihre Liebhaber mit Hingabe, die Dienerinnen lausen ihre Herren, die Töchter ihre Mütter und die Schwiegermütter ihre zukünftigen Schwiegersöhne«.

Einige Überreste solch liebevollen Groomings finden sich noch zwischen Liebespaaren und vor allem zwischen Müttern und Babys oder Kleinkindern. Dazu ist bei der täglichen Körperpflege ausgiebig Gelegenheit – zum Massieren, Cremen, Pudern, Streicheln, Kitzeln. Aber nicht nur die Mütter übernehmen dabei die aktive Rolle. Auch die Kleinen tun es. Viele Kinder lieben es, ihre Mutter ausgiebig zu kämmen. Mein kleiner Bruder und ich waren an Winterabenden häufig einträchtig im langen Haar meiner Mutter zugange – jeder auf seiner Seite mit einem großen Kamm ausgerüstet. Mit dem Rücken am Kachelofen, genoß sie die beruhigenden Gesten. Rachel, eine Freundin, erzählte mir, das schönste Versprechen, das sie ihrer zweijährigen Tochter Justine machen könne, wenn diese sie morgens beim Abschied nicht zur Arbeit fortgehen lassen wolle, sei, sie dürfe abends mit Mama baden und – Gipfel des Vergnügens für die Kleine – ihr auch die Haare waschen. Justine möchte neuerdings Mama auch morgens das Gesicht eincremen. Sie geht dabei außerordentlich sorgsam vor. Die Mutter würde es wohl nicht erzählt haben, wenn sie es nicht selber als so wohltuend erleben würde. Und die Geschwister Jana und Michael (sechs und viereinhalb Jahre alt) genießen es, sich vor dem Schlafengehen gegenseitig den Rücken zu kraulen.

Einige Mütter nehmen ihr neugeborenes Baby nicht nur in Empfang, indem sie es zu sich auf die Brust legen. Sie ziehen es oft ganz nah an sich heran und lecken zart mit der Zunge über das Köpfchen – in der Gegend der Fontanelle – oder sie berühren seine noch verschmierte Haut, mit Mund, Wange und Nase darüber streichend. Sie tun es ganz unbewußt, selbstvergessen. Wenn man sie darauf hinwiese, wären sie wahrscheinlich selber verwundert. So stark ist trotz aller Kultureinflüsse immer noch unser biologisches Erbe.

Die Psychobiologen Hanuš und Mechthild Papoušek[26] konnten dies gelegentlich während ihrer Videoaufnahmen von Eltern und Babys beobachten. Um das intuitive Verhalten in diesen intimen Situationen nicht zu stören, erwähnten sie es den Eltern gegenüber niemals. Denn in unserer Kultur ist die erste sich anbahnende Bindung zwischen den Neugeborenen und ihren Eltern in der technisch-kalten Welt des Kreißsaals außerordentlich fragil. Durch eine winzige Störung kann sie aus dem Gleichgewicht gebracht werden. Schließlich entfaltet sie sich in einem kaum zu beschreibenden vielfältigen Austausch von feinsten, für den Außenstehenden nicht wahrnehmbaren Signalen – in Berührungen, Umarmungen, Vokalisieren und Blicken und allem, was sich dazwischen abspielt. Mütter, Väter und Babys lesen auch »zwischen den Zeilen«.

Alle diese Verhaltensweisen zwischen Liebenden, Geschwistern, Eltern und Kindern bewirken bei beiden Partnern, dem aktiven ebenso wie dem passiven, »Wellbeing« – Wohlfühlen und Beruhigung. Biologisch lassen sich diese

»Gemütszustände« im Blut und im Speichel nachwei-
sen – durch einen Anstieg der körpereigenen Opiate, der
Endorphine, und durch ein Sinken der Streßhormone, zum
Beispiel des Nebennierenrindenhormons Cortisol (auch
Cortison genannt).

Cortisol ist ein guter Indikator für Streß: Das Hormon
sorgt eigentlich dafür, daß sich der Körper und die Psyche beruhigen und hohe Anspannungen ertragen, ohne
dabei zugrunde zu gehen. Seine Ausschüttung wenige
Minuten nach einer Streßsituation bietet dem Organismus einen gewissen Schutz. Das ist jedoch nur die eine,
positive Seite der Medaille. Die negative: Gleichzeitig
setzt dieses Hormon auch unsere Abwehrkraft außer Ge-
fecht, das Immunsystem wird also geschwächt. Damit es
nicht zu dieser fatalen Eskalation kommt, hilft Grooming, liebevolles Streicheln, Kraulen, Kämmen, Drücken,
In-den-Arm-Nehmen. Dann zeigt sich, daß der Spiegel
des Streßhormons Cortisol sinkt: Es wird nicht mehr
gebraucht. Affen und Menschen nehmen sich gegenseitig
in den Arm und drücken sich fest, wenn eine stark beängstigende, aufregende Situation überstanden ist – der
feindliche Clan abzieht oder die Geiselnahme beendet
ist ... Die beruhigenden Endorphine werden ausgeschüttet und tun ihre »Friedensarbeit«.

Das Prinzip Lust

Zurück zur frühen Entwicklung, denn all das kommt ja
schon im Mutterleib in Gang. Im Lauf der ersten Ent-
wicklungswochen eines Menschen werden zunächst der
Mund, die Lippen und die Regionen drumherum emp-
findsam. Erst ein wenig später dehnt sich diese taktile
Empfindsamkeit auf den ganzen Körper aus. Schon der

Fötus steckt in den Mund, was er bekommen kann – seinen Daumen. Intensiv lutscht er daran. Manche Babys kommen schon mit einem Saugpolster an den Lippen (das sich sonst erst nach der Geburt bildet) auf die Welt. Offensichtlich fühlt sich das noch ungeborene Kind wohl, wenn es sich diesen Saugreiz verschafft.

Je früher wir in der Entwicklung zurückgehen, desto mehr werden Wahrnehmungen wohl zwei einfachen Kategorien zugeordnet: angenehm oder unangenehm. Daraus entstehen später differenziertere Empfindungen und Einschätzungen. So jedoch nehmen die Dinge offensichtlich ihren Anfang. Es herrscht das Prinzip Lust oder Unlust, Suchen (beziehungsweise Üben) oder Vermeiden (beziehungsweise Flüchten). Erproben der ersten Bewegungsfähigkeit, des Gleichgewichtssinns, Mundfühlen – das gehört auf die Seite von »angenehm« und hilft die Entwicklung voranzutreiben.

Nach der Geburt tastet das Neugeborene unverzüglich mit den Lippen nach der Brust der Mutter. Sein Geruchssinn hilft ihm, sie zu finden und damit Nahrung. Es saugt, riecht, schmeckt, es hört die Stimme der Mutter, ihre Hände streichen über seinen Körper: angenehm. Beruhigend nach dem Geburtsstreß.

Die Mund-Lippen-Erfahrung ist so angenehm, lustvoll und aufschlußreich, daß Babys und Kleinkinder noch eine ganze Zeit lang alles Neue zuerst mit dem Mund erfassen wollen. So lernen sie es am besten kennen. Um sich zu beruhigen – vor allem um die kurzen Abwesenheiten der Mutter zu überbrücken und ihr liebevolles Verhalten in gewisser Weise zu ersetzen –, lutschen sie am Daumen, an den anderen Fingern und manchmal sogar an der ganzen Faust. Gelegentlich benutzen sie dazu auch ein Tuch, eine Schmusedecke, und streichen damit leicht über den oberen Lippenrand und die Nase. Eine stumme Sprache, die so etwas ausdrückt wie: »Ich hätte jetzt gern die Mama, aber ich kann mich auch schon ein Weilchen selber bemuttern.«

Solche Körpersprache, deren Inhalte – Gefühlsinhalte – wir mit Gestik, Mimik und Haut übermitteln, bringen wir in großer Vielfalt als genetische und schon im Mutterleib erprobte Grundausstattung mit auf die Welt. Wir verfeinern sie individuell vom ersten Augenblick der Benutzung an und im Laufe der Jahre immer mehr, je nach unserer Erfahrung mit der Umwelt, die wir damit beeinflussen. Denn natürlich wirkt sie verändernd – beispielsweise auf die Eltern. Je nach der vom Kind übermittelten Botschaft modifizieren sie ihr Verhalten, sie wandeln ihrerseits ihre Botschaften ab. So können Erfahrung und Erziehung uns ermutigen und beispielhaft erleben lassen, wie wir unsere stumme Sprache ausgiebig einsetzen. Später lehren sie uns häufig, sparsamer damit umzugehen und das meiste durch »Wort-Sprache« auszudrücken. Ganz ausschalten lassen sich Mimik, Gestik und die Signale der Haut aber niemals. Das wäre auch nicht wünschenswert, denn diese stummen begleitenden Botschaften lassen unsere Sprache (für unser Gegenüber zwar unbewußt, aber nicht unbemerkt) plastischer, wärmer und sogar verständlicher erscheinen. Wenn der Hirnforscher Paul D. MacLean sagt, Emotionales gebe unseren Gedanken Farbe, dann heißt das für die Sprache, daß sie Farbe von den begleitenden Körpersignalen erhält.

Diese Signale benutzen wir ein Leben lang. Am Anfang brauchen wir sie ganz einfach, um zu überleben. Mit dem Signal »Ich bin hilflos und niedlich, meine Haut ist verletzbar zart, aber auch rosig und warm, sieh nur, fühl nur, sie ist unwiderstehlich« halten wir die Mutter in der Nähe, »verführen« sie dazu, sich mit uns zu beschäftigen.

Ähnliches mag eine junge Frau ihrem Freund übermitteln, wenn sie mit verführerischer Kleidung und einem gepflegten Gesicht möglichst viel zarte Haut präsentiert. Als Erwachsene benutzen wir die Haut- und Körperkommunikation viel mehr, als uns bewußt ist. Und wir wissen oft gar nicht, was unsere geheimen Botschaften bewirken.

Eine bestimmte Forschung beschäftigt sich seit Jahren mit den sozialen Implikationen dieser meist unbewußten Signale, die wir uns jedoch bis zu einem gewissen Grade zunutze machen können. »Es ist schwerer, zu jemandem nein zu sagen, wenn seine Bitte von einer Berührung begleitet wird«, erklärt Stephen Thayer, Verhaltenspsychologe an der City University von New York. Menschen zeigen sich sofort hilfsbereiter, positiver, großzügiger, wenn sie nur kurz und wie zufällig »in touch« kommen. Serviererinnen erhielten sogar mehr Trinkgeld, so Thayers Beobachtung, wenn sie ihren Gast flüchtig an der Schulter berührten. Hier gilt es jedoch vorsichtig zu sein! Denn die stumme Sprache hat nur dann einen positiven Effekt, wenn bestimmte soziale und kulturelle Spielregeln eingehalten werden. Ein männlicher Kellner erzeugt mit der Berührung seines Kunden wahrscheinlich eine ganz andere Wirkung. Ein Chef erfreut seinen (männlichen) Angestellten, wenn er ihn anerkennend auf die Schulter klopft. Er stellt sich mit dieser kumpelhaften Geste auch gleichzeitig auf eine Stufe mit ihm. Umgekehrt – vom Angestellten zum Chef – dürfte der Erfolg ausbleiben … Ein Mensch, der uns fremd ist, oder ein Bekannter, den wir nicht mögen, würde mit einer Berührung unsere blitzartige Abwehr hervorrufen. So sehr alarmiert uns eine kaum wahrgenommene Berührung!

Alles Geschmackssache

Wir brauchen also Sensibilität im Umgang mit der Haut des anderen. Das verlangen allerdings nicht nur soziale Gruppenzugehörigkeiten und kulturelle Traditionen. Zärtlichkeit ist notwendig, so haben wir verstanden. Verwirrend ist jedoch: Was für den einen angenehm ist, beispielsweise ein leichtes Streicheln, kann für den anderen höchst irritierend sein. Auf das Wie und Wieviel und mit wem kommt es an. Da gibt es keine allgemeinen Regeln, die uns helfen könnten. Es ist immer anders und muß immer wieder neu herausgefunden werden – mit einem anderen Liebespartner ebenso wie mit einem anderen Kind. Der eine mag leichte zarte, der andere festere Berührungen. Und manche Menschen können nur flüchtige, sporadische und andere überhaupt keine Zärtlichkeiten, ja sogar keine körperliche (oft auch seelische) Nähe ertragen.

Diese Besonderheit mancher Menschen schildert die junge Australierin Donna Williams in ihren Erinnerungen an eine autistische Kindheit und Jugend. Donna verliebte sich in einen jungen Mann, Bryn, der ihr in vielem ähnlich war: »Die Leute sagten, wir seien verliebt ... In dem Jahr, in dem ich Bryn so nahe gekommen war, hatte ich die Angst und die totale Nervosität bei Treffen mit ihm nie verloren. Manchmal wurden (sie) dadurch zu einer Quälerei, die kaum zu ertragen war ... Weil er wie ich war, reagierte er richtig und guckte nur in die Luft ... Es gab keinen Drang, in der realen Welt nach dem anderen zu greifen und ihn zu berühren ... Eines Tages berührten wir uns still und ohne weitere Absicht an den Händen. Ich erschrak furchtbar. Der Schmerz dieser emotional berührenden Berührung war beinahe mehr, als ich ertragen konnte ... Ich hatte ein Gefühl, als würde ich gleich sterben.« Später erlebt sie Ähnliches mit einem anderen Jungen, mit Tim. Sie schreibt dazu: »Die Erkenntnis, wie nah wir uns kamen, signalisierte immer den Anfang vom Ende.«[27]

Die von der jungen Autorin so erschütternd beschriebenen Erfahrungen sind viel verbreiteter – wenn auch in milderer Form –, als wir denken. In vielen von uns oder unseren Partnern und Kindern steckt ein wenig von Donna Williams. Manche Frauen beklagen sich, weil ihr Mann oder ihr Freund keine Zärtlichkeiten mögen. »Und nie nimmt er mich in den Arm!« Derselbe Mann erklärt dem zu Rate gezogenen Psychologen, er liebe seine Gefährtin wirklich. »Ich weiß auch nicht, warum ich so bin.« Ein achtjähriger Junge flüchtet jedesmal, wenn seine Mutter ihn in den Arm nehmen will. »Niemals war er schmusig wie andere Kinder«, beklagt sie sich. Sie leidet unter seiner Abwehr. Noch viel mehr leiden Kinder, wenn ihre Mütter nicht zärtlich sein können.

Viele Frauen und gelegentlich auch Männer sind wegen solcher Reaktionen des Partners oder Kindes unglücklich. Sie wären nicht ganz so traurig, wenn sie verstünden: Nicht Mangel an Liebe oder Liebesbedürfnis, sondern ein anders funktionierendes Nervensystem zwingt einige Menschen zu solchem Verhalten. Das ist auch in anderen Wahrnehmungsbereichen so: Der eine liebt laute Musik mit heftigen Rhythmen, der andere leisere, ruhigere. Der eine umgibt sich mit grellen Farben, der andere mag zarte Pastelltöne und der dritte nur Weiß. Dem einen schmeckt süß, dem anderen sauer und manchen fast gar nichts. Sowohl ererbte Anlage als auch frühe Erfahrungen und Erziehung spielen dabei ihre Rolle. Die Reize (Stimuli), die wir brauchen und suchen, sind individuell höchst unterschiedlich. Was dem einen inneres Wohlgefühl und Harmonie verschafft, Neurologen würden vielleicht sagen, was sein Nervensystem strukturiert, innere Ordnung herstellt, kann für den anderen Unordnung, Unstrukturiertheit, ja Chaos bedeuten. Meist jedoch bewegen wir uns mit diesen Bedürfnissen innerhalb bestimmter mit anderen geteilten Bereiche. Und da, wo es um Berührungen geht, ist die Sache noch folgenreicher als in den anderen Bereichen, denn unsere affektiven und sozialen Beziehungen werden davon geprägt. Und bei einem Baby sogar die Entwicklung. Unter Erwachsenen können wir damit leichter umgehen, wenn wir berücksichtigen, was die Entwicklungsneurologin Inge Flehmig, Leiterin des Sozialpädiatrischen Zentrums Hamburg, manchen Müttern mit unzärtlichen Kindern erklärt: »Wer sich bei bestimmten Berührungen von Reizen überflutet fühlt, steht Qualen aus, wenn der andere auf seine Zärtlichkeiten besteht. Er ist deshalb nicht lieblos.« Er ist einfach anders als wir. Und wir vermeiden viele Mißverständnisse und Beziehungssackgassen, wenn wir sein Anderssein akzeptieren.

Die »Umarmungs-Maschine«

Wie es ist, wenn ein Mensch nur feste Berührung erträgt und sogar braucht, schildert der amerikanische Neuropsychiater Oliver Sacks in einem Buch, in dem er besonders merkwürdige Fälle seiner Praxiserfahrung zusammengetragen hat: *Eine Anthropologin auf dem Mars.* In der gleichnamigen Geschichte berichtet Sacks von seinem Besuch bei einer autistischen Frau, Temple Grandin, einer erfolgreichen Wissenschaftlerin – Biologin und Ingenieurin – an der Colorado University. Diese Frau hatte ihre Kindheit in einem Chaos von beängstigenden Wahrnehmungen und Gefühlen verbracht. Sie verstand keine der üblichen Regeln menschlicher Beziehungen. Trotzdem hatte sie später mit Hilfe therapeutischer Begleitung gelernt, sich diesen Regeln gerade eben ausreichend anzupassen, so daß sie ihre Doktorarbeit schreiben und an der Universität ihrer Forschungsarbeit nachgehen konnte. Sie interessierte sich besonders für die Wirkung von »Tiefenstimulation« (Druck, der im Gegensatz zu Streicheln die Rezeptoren tief unter der Haut und in den Muskeln und Gelenken erreicht) bei Autisten, College-Studenten und Tieren.

Als sie Sacks in ihre Wohnung einlud und ihm zeigte, wie sie in ihrem nüchternen Dekor lebte, entdeckte er neben ihrem Bett einen merkwürdigen sargähnlichen Gegenstand. »Was ist das?« fragte Sacks. »Das ist meine Kompressionsmaschine«, antwortete Temple. »Manche nennen sie meine ›hug machine‹ (meine Umarmungs-Maschine).« Was sie mache oder bewirke, wollte er wissen. »Sie übt einen festen, aber angenehmen Druck auf den Körper aus, von den Schultern bis zu den Knien«, antwortete Temple. »Entweder einen gleichbleibenden oder einen variablen oder einen pulsierenden Druck, wie man es möchte«, fügte sie hinzu. »Man kriecht hinein – ich zeige es Ihnen – und schaltet den Kompressor an …« Sacks wunderte sich natürlich, warum sie sich so ein Gerät konstruiert hatte. Als sie ein kleines Mädchen war, erklärte sie ihm, hätte sie sich wahnsinnig danach gesehnt, in den Arm genommen zu werden, war aber gleichzeitig terrorisiert von jedem Körperkontakt. Eine ihrer Tanten, die sie besonders mochte, drückte das kleine Mädchen manchmal ganz liebevoll und fest. Dann fühlte sich Temple von Gefühlen überwältigt. Sie empfand so etwas wie Frieden und Wohlfühlen, aber auch Panik. Was ihr unendlich guttat, erfüllte sie gleichzeitig mit Angst. Danach – mit etwa fünf Jahren – träumte sie von einer magischen Maschine, die sie kräftig drücken würde. Und das Besondere im Vergleich zu ihrer umarmenden Tante wäre, daß sie selber vollkommene Kontrolle darüber hätte, daß sie das Umarmen steuern könnte.

Schließlich übertrug sie ihren Traum in die Wirklichkeit und entwickelte sich ihre »squeeze machine« (squeeze = quetschen, drücken), die sie genau in der Weise umarmen und drücken konnte, wie sie es wünschte. Und der Erfolg war exakt so, wie sie es erwartet hatte. Niemals, so erklärt sie, hätte sie die bewegte Zeit ihres Studiums ohne ihre »hug machine« überstanden. Das Gerät ließ sie etwas empfinden, das sie vorher nicht kannte: menschliche Gefühle, die einen Sinn machten, ja, sogar Verständnis für die Gefühle anderer. Ihr seltsamer Quetschkasten öffnete ihr eine sonst verschlossene emotionale Welt und brachte ihr sogar so etwas wie Mitgefühl bei. Jetzt konnte sie in einer Art Mindestform sozial mit Menschen umgehen. Sie blieb weiterhin für sich, suchte nicht die Nähe der anderen, aber konnte sie verstehen und mit ihnen arbeiten.

Trotzdem fühle sie sich zwischen ihren Kollegen häufig, erklärt sie ihrem Besuch, wie »eine Anthropologin auf dem Mars«. Wenn es irdische Kreaturen gab, denen sie sich wirklich nahe fühlte, dann waren es Tiere. »Wenn es um Farmtiere geht, fühle ich ihr Verhalten ... Ich weiß, was die Kuh empfindet ... Wenn es (dagegen) um Primaten geht, verstehe ich ihre Interaktionen intellektuell.« Beim Primaten Mensch hatte sie als junges Mädchen lernen müssen, jeden, auch den einfachsten Gefühlsausdruck zu entschlüsseln (zu »dekodieren«), um ihn richtig interpretieren zu können. Sie studierte menschliches Verhalten, so wie ein Forscher auf einem fernen Planeten außerirdische Wesen studieren würde.

Es ist offensichtlich, daß sie ohne ihre von den anderen

belächelte »hug machine« niemals zu einer wissenschaftlichen Karriere fähig gewesen wäre. Die Ruhe und der
Frieden, die ihr das Gerät gaben, empfand sie sowohl körperlich als auch seelisch. Das vorher erlebte Chaos konnte menschliche Strukturen annehmen, eine Ordnung, die
ihr erlaubte, eine bemerkenswerte geistige Entwicklung
zu machen. Trotzdem fühle sie sich häufig, insistierte sie,
wie »eine Anthropologin auf dem Mars«.

Defizite und ihre Konsequenzen

Ist Tiefensensibilität ein Wundermittel? Keineswegs. Sie
ist nur eins unserer Wahrnehmungssysteme, die miteinander in ständigem Informationsaustausch stehen und
gleichzeitig eine ebenso rege Kommunikation mit den se-
kretorischen Hormonsystemen unterhalten und allesamt
im Gehirn koordiniert verarbeitet und neu »verteilt«
werden.

Unser Gehirn und Körper, kurz »wir«, sind ein inte-
gratives und integrierendes Riesensystem, das nicht nur
Gegenwart, sondern auch Vergangenheit und sogar Zukunft verarbeitet und außerdem immer neu gestaltet. Damit die Zusammenarbeit – Integration – gut funktioniert
(perfekt ist sie bei niemandem!), braucht sie in ihrer Entwicklung bestimmte Mindestvoraussetzungen. Wenn nur
eins der Systeme ein kleines Defizit aufweist, wird die Ge-
samtheit gefährdet, und zwar um so nachhaltiger, je früher
der Mangel auftritt. Vieles kann im Laufe der Entwick-
lungsjahre von unseren beeinflußbaren, plastischen Kör-
per-Seele-Geist-Systemen kompensiert werden, manches
jedoch hat schwerwiegende Folgen.

Unsere Wahrnehmungen sind, wir ahnen es schon, eine
Basisvoraussetzung für unsere emotional-geistige Ent-

wicklung. Der erste vom Fötus benutzte »Sinn«, die taktile Wahrnehmung, kann nicht von Anfang an oder früh nach der Geburt ein Defizit erfahren, ohne daß die Konsequenzen für die seelisch-geistige Entwicklung verheerend wäre. Es leuchtet ein, daß eine andere Störung, beispielsweise eine Fehlbildung der Hand, zwar auch auf den gesamten Menschen einwirken würde, jedoch nicht in so grundlegender Weise wie es die autistische Wissenschaftlerin mit ihren Wahrnehmungsproblemen in ihrer Kindheit erlebte. In diesem Licht bekommt die oben erwähnte Besorgnis der Regensburger Psychologin über die unabsehbaren Folgen einer »umarmungsarmen« Welt noch viel mehr Bedeutung.

Müssen wir jetzt alle in eine »hug machine«? Vielen würde sie vielleicht guttun, mehr als sie ahnen. Besser wäre es, wenn Eltern ihre Kinder häufiger (und sensibler) in den Arm und wir uns alle ein Beispiel an den Friedensgesten der Affen nähmen.

Haut-Bewußtsein

Die Beispiele der beiden Frauen, der jungen Australierin und der amerikanischen Biologin, haben einleuchtend gezeigt, daß Hautberührungsabwehr, ein körperliches Anderssein also, ihr seelisch-geistiges Pendant hat. Das gilt in allen Schattierungen des Anderssein. Man muß nicht Autist sein, um in ein solches Dilemma zu geraten. Wer sich körperlich nicht gern berühren läßt, meidet auch zu enge seelische Berührungen. Er kann darum den anderen nur beschränkt verstehen, kann seine Signale nicht richtig interpretieren. Seine Liebesfähigkeit könnte von außen, von den Interessen und Wünschen des Partners her, als eingeschränkt betrachtet werden. Er selber empfindet es jedoch nicht so. Er kann sehr starke Gefühle für den anderen haben.

Die Schwierigkeiten liegen für ihn mehr im Austausch, in der Übermittlung. Wenn wir solche Menschen mit zuviel Intensität überschwemmen – und das kann für sie schon eine Berührung mit der Hand sein –, machen sie dicht und schotten sich ab, um sich zu schützen. Oft sind sie jedoch für sehr feine, diskrete Botschaften empfänglich und erwarten von uns ebenfalls Feinfühligkeit im Verständnis für ihre kaum spürbar gesendeten Liebessignale.

Mit all diesen psychischen – und in ihrer Konsequenz geistigen – Entsprechungen hat die Haut auch den Hauptanteil an unserer bewußten oder unbewußten Vorstellung von uns selber als einem unabhängigen, von der Umwelt und den anderen abgegrenzten Ich. All die körperlichen, sensorischen und psychischen Informationen, die sie uns im Laufe unseres Lebens übermittelt, tragen dazu bei, daß wir uns etwas schaffen, was der französische Psychoanalytiker Didier Anzieu unser »Haut-Ich« nennt.[28] Es entsteht und beginnt seine Entwicklung schon vor dem ersten Atemzug, im engsten Einssein mit der Mutter. Später dann immer mehr, indem es sich von ihr abzugrenzen lernt, ohne sie jedoch zu verlieren.

Daran hat die Sprache einen wesentlichen Anteil. Auf dieser höheren Entwicklungsstufe erlauben Körpersprache und Verbalsprache, ebenso wie Hören und Sehen, dem Kind, die Verbindung zu einem geliebten Menschen auch über eine Distanz hinweg aufrechtzuerhalten. Der Hautsinn ist ein Nahsinn. Sehen, Hören und Sprechen dagegen können Ferne überbrücken. Sie fordern uns jedoch auch die – zuerst schmerzliche – Erkenntnis ab, daß der andere ein anderer ist und getrennt von uns existiert (was das Baby anfangs nicht »weiß«). Und Sprache als Kommunikationsmittel verlangt ein gewisses Vertrauen in diesen anderen: »Ich muß ihn nicht unbedingt festhalten und an meinem Körper spüren, damit ich weiß, daß er für mich da ist und mich versteht.«

Vernachlässigen wir am Lebensanfang eines Menschen seine Bedürfnisse nach engem Körperkontakt und schlimmer noch die wirkliche Sehnsucht nach Haut-an-Haut-Kommunikation und Zärtlichkeit, so können schwere Störungen die Folge sein: Beziehungsschwierigkeiten, aber auch – äußerlich sichtbar – Hautkrankheiten. Wie viele solcher körperlich und seelisch Leidenden haben wohl am Lebensbeginn nicht genug liebevolles Umarmen abbekommen?

Denken wir an die Harlowschen Affenkinder, die sich, um etwas Neues erkunden zu können, zwischendurch immer wieder mit dem ganzen Körper an die Stoffmutter schmiegen und klammern. Niemals, aber auch niemals, warnte darum die französische Kinderärztin und -analytikerin Françoise Dolto, dürfe man den Wunsch eines Kindes – egal welchen Alters – nach dem Austausch von Haut- und Körpersprache unbeantwortet lassen.

Wer in der Kindheit nicht genügend Zärtlichkeit erhält, kann als Erwachsener nicht einmal seinen eigenen Körper richtig wahrnehmen. Sogar die eigenen Gefühle sind ihm fremd und vielleicht sogar beängstigend. Er kann sich im Extrem als innerlich gespalten, als mehrfaches Ich erleben. Solche Menschen sind im Verhalten dem anderen Geschlecht gegenüber regelrecht behindert. Ihr Hunger nach Zärtlichkeit bleibt unstillbar. Und viele wehren sogar ab, wonach sie sich so brennend sehnen.

Der Anthropologe Montagu beobachtete, daß Frauen dieses Defizit an körperlicher Zuwendung gelegentlich durch sexuelle Kontakte auszugleichen versuchen. Es bleibt ihnen nicht viel anderes übrig, weil sie sonst von ihren Freunden und Ehemännern nie in den Arm genommen werden. Männer erleben nicht sexuelle Körperkontakte häufig als eine Rückkehr in die Abhängigkeit der Mutter, sie finden sie »kindisch« und wollen darum nicht zärtlich sein. Sexbesessenheit als Nachholbedarf für Schmusen. Montagu meint, das sei ein Symptom unserer Zeit. Paßt das nicht zusammen mit dem, was wir vorher dargestellt haben? Nur ist eben Sex ohne Schmusen auch nicht das Wahre, wie uns die Wirkung von Oxytocin gelehrt hat.

Solcher Nachholbedarf kann sich auch andere Auswege suchen. Durch Drogen zum Beispiel. Gar nicht überraschend, wenn wir uns noch einmal klarmachen: Auch Streicheln und Umarmen erzeugen Drogen – körpereigene in diesem Fall, die sowohl erregend als auch beruhigend wirken können. Auf einer Reise durch Amerika sah ich an einem Auto einen Aufkleber: »Hugs not Drugs!« Frei übersetzt: »Küssen statt Koksen«. Kein schlechter Vorschlag.

»Touch«-Therapie

Seit Jahrhunderten nutzen Menschen diese Beobachtungen in der Medizin zu Hautbehandlungen mit Massage und massierendem Druck. Heute gibt es sogenannte »Touch«-Therapien. Die Amerikanerin Tiffany Martini Field vom Touch Research Institute der Universität Miami, Florida, untersucht und wendet seit vielen Jahren solche Praktiken vor allem bei Babys und Kleinkindern, insbesondere Frühgeborenen, an. In ihrer neuesten Studie trägt sie die Ergebnisse eigener und anderer Wissenschaftler und Therapeuten zusammen. Weit über den früheren Ansatz hinausgehend, wurden sogar Eltern und Großeltern, die ihre Kinder regelmäßig massierten, in die Untersuchung einbezogen. Es zeigte sich, daß nicht nur die Massierten, sondern auch die Massierenden einen Nutzen davon hatten. Er geht über eine Besserung der Gesundheit und des Wohlbefindens weit hinaus.[29]

Die Massage besteht in Streichen und Reiben verschiedener Körperpartien. Wie üblich wird dabei Öl benutzt. Das Wichtigste jedoch. Es muß ein gewisser, dem Patienten angepaßter Druck ausgeübt werden. Eine zu leichte Behandlung wird von vielen als unangenehm empfunden, so wie Kitzeln. Diese Massage nutzt also vor allem die in der Tiefe unter und in der Haut sitzenden »Tiefenrezeptoren« (auch Propriozeptoren genannt – von »Eigen-, Selbstwahrnehmung«). Diese »Touch«-Therapie beeinflußt sowohl die Entwicklung von Krankheitsverläufen als auch die von frühgeborenen Babys positiv. So erstaunlich es klingt, sie wirkt auf so unterschiedliche Bereiche wie kognitive, emotionale und auch körperliche Entwicklung. Das heißt: Sie fördert bei früh- und normalgeborenen Babys das Wachstum und die Gewichtszunahme so wie die Orientierungsfähigkeit (erste aktive Umwelterkundung, eine Art »koordinierte Neugier«, das Verhalten des Babys, das die Mutter zu ihrem Sprach-Mimik-Spiel-Dialog mit ihm animiert) und die Aufmerksamkeit. Sie verringert sowohl Schmerzen als auch Depression (Apathie, Resignation und Reaktionslosigkeit) bei Frühchen, die unter der Trennung von ihrer Mutter und vielen äußerst belastenden Behandlungen leiden.

Biologische Untersuchungen von Blut und Speichel bestätigen die Beobachtungen. Sie erklären von der physiologischen Seite, warum das alles so ist: Bei den Kindern verbesserten sich die Immunfunktionen, die Zahl der sogenannten Killerzellen vermehrte sich, ebenso wurde mehr Wachstumshormon (das übrigens auch noch bei Erwachsenen zur Gesunderhaltung und ständigen Verjüngung ihres Organismus benötigt wird) ausgeschüttet. Dagegen verminderte sich der Spiegel von Streßhormonen, insbesondere von Cortisol.

Im großen und ganzen bewirkt diese besondere Druckmassage auch bei kranken Kindern in ähnlicher Weise vielfältige Linderung und eine schnellere Heilung. Tiffany M. Field schildert das am Beispiel von Asthma und Autoimmunkrankheiten, und auch an HIV-Infizierten. Ein positiver Nebeneffekt, der auf die Kinder zurückwirkte, war, daß die Angst der Eltern abnahm. Großeltern, die ihre Enkel massierten, zeigten besonders viele positive Auswirkungen in ihrem eigenen körperlichen und seelischen Befinden. Ihr Selbstwertgefühl nahm zu, sie gingen viel seltener als vorher zum Arzt und waren offener für soziale Kontakte. Autistische Kinder, die Berührungen eher vermeiden, schienen diese in die Tiefe wirkende Massage nicht als unangenehm zu empfinden. Sie zeigten nach den Behandlungen weniger stereotype Verhaltensweisen, ihre Aufmerksamkeit ließ sich besser gewinnen. So war es ihnen möglich, sich auch konzentrierter Lernarbeit zu öffnen.

Die Amerikanerin betont auch, daß durch die Babymassage die Eltern-Kind-Bindung gefördert und verbessert wurde. Das ist keineswegs selbstverständlich. Denn bei anderen Therapien wirkt sich der Einsatz der Mutter oft negativ auf die Beziehung aus. Wenn die Manipulationen für das Kind unangenehm sind, erleben beide Partner seelischen und körperlichen Streß, der einer ungestörten Bindungsentwicklung im Wege steht.

Der Vorteil der von Field untersuchten »Touch«-Therapie ist das Wohlgefühl (»wellbeing«), das bei den Beteiligten, dem Massierenden und dem Massierten, entsteht. Und da sie ohnehin weitgehend dem instinktiven Umgang von Müttern mit ihren Kleinsten entspricht, mit all dem Streicheln, Drücken und »Knuddeln«, brauchen sie dazu keine schwierigen Anleitungen zu befolgen. Sie können sich weitgehend von ihrer Intuition leiten lassen. Das Kind gibt ihnen dabei ausreichend Signale – mit Lauten, Sprache, Mimik, Gestik und Muskelspannung –, die von den Eltern meist unbewußt registriert und beantwortet werden.

Fassen wir noch einmal zusammen: Der in bestimmter Weise auf tiefere Schichten der Haut, Muskeln und Gelenke ausgeübte Druck erzeugt nicht nur körperliches Wohlbefinden, vermindert Schmerzen und stimuliert das Immunsystem, er hat nicht nur Folgen für seelisches Wohlbefinden, Streßabbau, Förderung der Eltern-Kind-Bindung – er wirkt auch auf geistige Funktionen, erhöht die Aufmerksamkeit, verbessert das Lernverhalten und bei Neugeborenen die sogenannte Orientierungsfähigkeit, das heißt die koordinierte Neugier.

Geruchsbotschaften

Haut appelliert nicht nur an Tastsinn, Schmerz- oder Wärmeempfindlichkeit. Sie wirkt auch oft auf geheimnisvolle Weise, weil uns meist ziemlich unbewußt, auf den animalischsten unserer Sinne, den Geruch. Das Tier Mensch ist da zwar verglichen mit anderen Säugern höchst unterentwickelt. Es hat seine anderen Wahrnehmungsmöglichkeiten offenbar bevorzugt, so daß ihm diese eine weitgehend abhanden gekommen ist, wenn auch nicht völlig. Denn manchmal spielt das Riechen eine viel bedeutendere Rolle, als wir ahnen.

Der französische Imperator Napoleon soll seiner Geliebten und späteren Gemahlin Joséphine von einem seiner Feldzüge eine Nachricht übermittelt haben, die den Boten amüsiert haben dürfte, falls er so indiskret war, die Feldpost zu öffnen: »Wasch dich nicht, ich bin auf dem Weg zu dir!«

Eine Joséphine unserer Tage würde die Nase rümpfen, ein Flakon duftenden Schaumbalsams ins Badewasser entleeren, ihren ohnehin sauberen Luxuskörper nicht nur waschen, duschen oder baden, sondern auch mittels köstlicher Lotionen und Wässer in eine Meeresbrise oder ein Blumenbukett verwandeln. Vielleicht zu Unrecht, denn der Erfolg entspricht – neuerer Forschung zufolge – womöglich nicht den Erwartungen. Wahrscheinlich war die zukünftige Kaiserin weiser und präsentierte dem Verliebten, was Wissenschaftler heute prosaisch als ihre »Geruchsidentität« bezeichnen würden, und damit das unverwechselbare, für ihn offensichtlich besonders anziehende Erkennungszeichen.

Unsere Haut duftet – von Natur aus – höchst individuell. Und individuell reagieren wir auch auf den Geruch eines anderen. Wer für des einen Nase anziehend ist, den kann der andere vielleicht nicht riechen. Was auch heißt, nicht lieben. Da hilft kein Täuschungsmanöver.

Bei den Franzosen heißt: »Je ne le sens pas« (wörtlich: »ich rieche, spüre ihn nicht«) so etwas wie »Ich kann ihn – oder eine Situation – nicht richtig einschätzen, er ist mir nicht ganz geheuer«.

Bei der Frage nach der Ursache und dem Sinn dieser persönlichen Note stieß der Psychologe Roman Ferstl von der Christian-Albrecht-Universität in Kiel auf ein merkwürdiges Phänomen: Unsere Erkennungsmarke Geruch ist aufs engste verwandt mit unserem ebenso unverwechselbaren Körperabwehrsystem.

Ferstl erklärt: Bestimmte Moleküle – die sogenannten HLA-Moleküle (für Human Leucocyte Antigen) – kennzeichnen unseren ganz persönlichen Gewebetypus und damit unser Immunsystem. Nur bei eineiigen Zwillingen stimmt dieser Gewebetypus überein. Wir brauchen diese Unverwechselbarkeit, um uns vor körperfremden Eindringlingen zu schützen. Unser Abwehrsystem spürt sie auf, erkennt und attackiert sie. Darum sucht man für Organ- und Hauttransplantationen Spender, deren Gewebetypus so nah wie möglich mit dem des Empfängers übereinstimmt. Sonst stößt der Organismus das fremde Gewebe ab.

Offenbar hat der Immunmechanismus noch ganz andere, weniger erforschte Funktionen. Das HLA-Kennzeichen unserer Körperabwehr beeinflußt das visuelle System und sogar gewisse Verhaltensparameter. Warum und wie, scheint noch nicht geklärt.

Seltsamerweise, so fand der Kieler Forscher heraus, machen eben die Moleküle, die unsere Gewebe-Persönlichkeit charakterisieren, auch unsere Geruchs-Besonderheit aus. Zwar nicht direkt, wie man inzwischen annimmt, indem sie selber duften, aber indirekt, indem sie offenbar im Kontakt mit der Außenwelt bestimmte spezifische Duftkombinationen hervorrufen. Wir verfügen damit über ein doppeltes Erkennungssystem zum Aufspüren und zur Unterscheidung des Fremden: Immunmechanismus und Geruch. Unseren eigenen Körpergeruch nehmen wir übrigens kaum noch wahr, wir reagieren jedoch außerordentlich empfindlich auf jede Veränderung, hervorgerufen durch Krankheit, Medikamente oder sogar Streß. Dann kommt es vor, daß wir uns plötzlich selber nicht mehr riechen können.

Fest steht: Wenn bestimmte Gewebe-Geruchstypen den einen abstoßen und den anderen anziehen, dann muß es dafür auch biologische Gründe geben. Eine Studentin, so berichtet Ferstl, konnte drei ihrer Kommilitonen besonders schlecht (ungern) riechen. Als man versuchte, der Sache auf den Grund zu gehen, stellte sich heraus, daß zwei von ihnen einen außerordentlich ähnlichen Gewebetypus hatten. Und diese Verwandtschaft mit Fremden mögen wir nicht – es sei denn mit wirklich Blutsverwandten wie unseren Kindern.

Innerhalb einer Familie riecht man sich eher gern. Einen Bruch bekommt dieser paradiesische Zustand häufig bei Jugendlichen in der Pubertät. Sie finden, so Ferstl, den familiären Stallgeruch oft plötzlich abstoßend.

Erforscht werden muß noch, wieweit diese Merkwürdigkeit der HLA-Ähnlichkeit oder HLA-Fremdheit die Wahl unserer Partner beeinflußt. Einiges spricht dafür. »Die Chemie muß stimmen«, sagen wir, wenn es darum geht, zu erklären, warum zwei sich anziehen oder es mit ihnen nichts wird, obwohl sie sonst wie füreinander geschaffen scheinen. Die in Chicago lebende Wissenschaftlerin Caren Ober untersuchte bei den nordamerikanischen Hutterern Übereinstimmungen bzw. Unterschiede im HLA-Typus. Diese religiöse Gemeinschaft lebt in großer Abgeschiedenheit von der Umwelt. Ehen werden innerhalb der Glaubensgruppe geschlossen. Caren Ober fand heraus, daß die HLA-Muster der Untersuchten ausschlaggebend für ihre Partnerwahl, für das »mating«, waren. Eine andere Untersuchung einer Forscherin des Max-Planck-Instituts in Andechs stellte fest, daß Japanerinnen auffällig häufig (zu mehr als 80 Prozent) den Geruch ihres Ehemanns als unangenehm empfanden, während Europäerinnen überwiegend gern an der Haut ihres Angetrauten oder Partners schnupperten. Ja, sie assoziieren sogar einen HLA-fremden, angenehmen Geruch häufig mit dem ihres Gefährten. Wie kommt das? Die Forscherin konstatiert: Europäerinnen heiraten in der Regel aus Liebe. Japanische Ehen werden oft von den Eltern gestiftet. Auf eine zusammenpassende Chemie der Liebe wird dabei keine Rücksicht genommen.

Wahrscheinlich wird auch ganz allgemein unsere Neigung, manche Menschen eher nett und anziehend zu finden, vom Geruch beeinflußt. Das legt eine Geruchsstudie mit Sympathie-Messungen eines Berner Anthropologen nahe. Sie zeigte, daß die Sympathie unter Menschen mit ihrer genetischen HLA-Differenz steigt. Vielleicht sollten Anzeigenrubriken wie »Bekanntschaften« in Zukunft um der größeren Erfolgschancen willen gleich die Immunidentität des Inserierenden ausweisen. Statt »Nur ernstgemeinte Zuschriften« würde es dann heißen: »Nur HLA-Unähnliche bitte«.

Sicher hat die Haut-Geruchs-Sympathie einen tieferen Sinn. Wahrscheinlich hilft sie die Art zu erhalten, das heißt, den richtigen Partner nicht nur fürs Leben, sondern auch immunologisch passend für den Nachwuchs aufzuspüren. Noch gibt es darüber unter Wissenschaftlern nur Vermutungen.

Eine Spur glaubten Forscher in den unerklärlichen Spontan-Aborten gefunden zu haben: Viele Frauen verlieren nach der zwölften Schwangerschaftswoche ihr Kind. Bei etlichen Paaren stellte sich heraus, daß sie den gleichen HLA, also den gleichen Gewebetypus, hatten. Diese Spur hat bisher jedoch zu keinem Ergebnis geführt, die Hypothese konnte nicht bestätigt werden. Bestehen bleibt: Diese Partner müßten sich eigentlich durch ihren Duft eher abgestoßen haben. Wahrscheinlich haben sie sich durch etwas anderes bezaubert als ihren Körpergeruch. Sinnvoll und von der Natur »erwünscht« ist es jedenfalls eher, daß bei zukünftigen Eltern der Gewebetypus möglichst unterschiedlich ist. Denn wenn alle Menschen den gleichen hätten, könnte eine einzige Krankheit die ganze Art vernichten. Vielfalt, die in diesem Sinn

Schutz bedeutet, entsteht bei einer guten Durchmischung. Folgen wir also der Natur, suchen wir einen Liebespartner, den wir wirklich gut riechen können. Er wird uns wahrscheinlich in seinem Immun-Gewebetypus nicht zu ähnlich sein. Eigentlich ein überflüssiger Rat, denn unsere Geruchs-Wahl geschieht viel mehr unbewußt als bewußt. Bewußt nehmen wir allenfalls das Unangenehme wahr und vielleicht bei einem Partner, den wir jedoch längst erwählt haben, das Angenehme seines Körperdufts.

Geruch schafft Bindung

Das Hautsignal Duft zieht jedoch nicht nur die richtigen Partner zueinander hin. Es spielt auch, wie bereits erwähnt, bei der ersten Beziehung unseres Lebens – der Mutter-Kind-Bindung – eine entscheidende Rolle. Sofort nach der Geburt vermag ein Neugeborenes seine Mutter am Geruch ihrer Haut zu erkennen und, von besonders starken Duftsignalen angezogen, auch gleich ihre Brustwarze zu finden. Mütter ihrerseits können ihre Babys und auch später ihre größeren Kinder am Geruch unter Hunderten von anderen herausfinden. Unter einigen Dutzend von verschiedenen Kindern auf der Haut getragenen Hemdchen erschnuppern sie relativ zielsicher das ihres Sprößlings. Dazu Ferstl: »Wahrscheinlich ist der Geruch am Anfang des Lebens der größte Bindungsfaktor überhaupt.« Darum sollte man ihn nicht mit parfümierten Babypflegeprodukten durcheinander bringen.

Nun jedoch werden wir vollkommen verwirrt: Man kann nämlich auch mogeln, das heißt die Natur überlisten. Unser Geruchssinn ist nämlich besonders stark mit unserer Erinnerungs- und Lernfähigkeit verknüpft. Wissenschaftler injizierten trächtigen Rattenweibchen eine intensive Geruchssubstanz in den Uterus: Zitrol. Nach der Geburt waren die neugeborenen Rattenbabys ganz wild auf Zitzen, die mit Zitrol bestrichen waren. Bei der Wahl zwischen mehreren säugenden Müttern stürzen sie sich auf die, die nach Zitrol roch, gleichgültig, ob es die eigene oder eine fremde Mutter war.

Das heißt, schon ein Fötus lernt durch seine Umwelt – Fruchtwasser und Gebärmutter – einen bestimmten Geruch. Er bringt ihn mit einem eher angenehmen Dasein im Mutterleib und – in diesem Fall – seiner Rattenmama in Verbindung. Es findet eine Art Prägung auf diesen Geruch statt. Und so wie Küken dem spezifischen Lockruf ihrer Mutter folgen, den sie schon während ihres Daseins in der Eischale gehört haben, so wie Konrad Lorenz' kleines Graugänschen das, was es als erstes nach dem Schlüpfen erblickte, für seine Mama hielt und ihr (ihm) folgte, seinem Stiefel nämlich, so können auch wir auf einen Geruch geprägt werden. Auch später, nach der Geburt, läßt sich ein solches Geruchslernen, diese Geruchsprägung, beeinflussen: Benutzt die Mutter immer ein bestimmtes Parfum, so wird das Kind wahrscheinlich ein Leben lang eine gewisse Vorliebe dafür haben. Unser Gedächtnis speichert nicht nur den Körpergeruch, sondern auch den künstlichen Duft eines Menschen, den wir mögen. So bekommt Parfum, mit Umsicht benutzt, doch wieder seinen Sinn.

Hautgeruch kann also Auslöser, aber auch Konditionierer einer Beziehung sein. Er »bringt in Gang« und »hält bei der Stange«. Und das vor allem, weil seine Signale besonders gefühlsstarke Erlebnisse begleiten. Für den Schriftsteller Marcel Proust werden ganze Szenen seiner Kindheit lebendig, wenn er an den Duft der kleinen ovalen Kuchen, der Madeleines, erinnert wurde, die seine Mut-

ter nachmittags zum Tee aß. Ein einziges schwaches Duft-
signal kann eine ganze Kaskade von Bildern, Stimmungen
und Erlebnissen in uns wachrufen.

So verstanden, ist es wahrscheinlich nicht sinnvoll, jemanden, der sich in uns verliebt hat, mit einem neuen
Duft zu überraschen. So wie er uns beim ersten Mal gern
roch, so möchte er uns immer wiedererkennen. Ein Signal, das wir nach einiger Zeit unbewußt aufnehmen.

Wenn es uns jedoch gelingt, auch ohne Hilfsmittel aus-
drucksstark zu duften, dann sind dafür etwa drei Millionen Schweißdrüsen in unserer Unterhaut und den
Schleimhäuten verantwortlich. Sie reagieren auf Wärme
oder stärkere Hautdurchblutung, etwa durch Sport, aber
auch durch Gefühle. Nicht nur ein Saunagang oder aus-
giebiges Joggen, sondern ebenso Freude, Aufregung oder
eine schwierige Aufgabe bringen uns ins Schwitzen. Zwei
verschiedene Arten dieser winzigen Organe teilen sich
die Arbeit für die beiden Zwecke:

Die Mehrzahl, die sogenannten ekkrinen Drüsen, ver-
teilen sich über den ganzen Körper und regulieren die
Wärme bzw. Kühle auf unserer Haut. Je heißer uns wird,
desto nasser schwitzen wir uns, desto mehr Verdun-
stungskälte entsteht.

Die anderen, die apokrinen Drüsen, reagieren auf Emotionen. Sie konzentrieren sich an bestimmten Stellen. Liebe, Freude, Glücksgefühl, Aufregung, aber auch Angst
bringen vor allem die Achselhöhlen, die Handflächen,
Fußsohlen, die Stirn und den Genitalbereich zum Schwitzen. Mit dem Harnsäuregehalt im Schweiß verändert sich
in solchen Situationen sein Geruch.

Manchmal erleben wir ein merkwürdiges Phänomen:
Kalter Schweiß bricht uns aus, wenn uns plötzlich Angst
oder Schreck die Kehle zuschnüren. Unsere an der Haut-

oberfläche gelegenen Äderchen ziehen sich dabei blitz-artig zusammen. Das erzeugt Kälte. Gleichzeitig läuft uns Wasser aus den Poren. Wie unser Nervensystem – das »zentrale« im Zusammenspiel mit dem »autonomen« (ve-getativen) – das alles reguliert, ist noch weitgehend ein Geheimnis.

Durch Beobachtung weiß man, daß unser Sinnesorgan Haut sehr fein auf Gefühle reagiert – eben mit Verände-rung der Durchblutung, der Temperatur, der Farbe und der Feuchtigkeit. Empfindliche Geräte können das mes-sen. Sie registrieren, wie die Haut einen schwachen, un-fühlbaren Strom durchläßt: Nicht so gut, wenn sie trok-ken ist, also wenn wir ganz ruhig sind; leichter, wenn sie feucht ist, wir folglich aus irgendeinem Grund erregt sind. Diesen je nach Erregungszustand und Gefühlssitua-tion unterschiedlichen Hautwiderstand gegen einen elek-trischen Strom mißt der sogenannte Lügendetektor. Lügt die Testperson, gerät sie durch inneren Streß augenblick-lich ins Schwitzen. Der elektrische Hautwiderstand wird dann geringer, die Haut ist als feuchte Fläche leitfähi-ger. Das Gerät zeichnet das auf. In der Erforschung der Wechselwirkung zwischen feinsten Gefühlsschwankun-gen und unserer Haut leistet es erstaunliche Dienste.

Eine andere Reaktion des vegetativen Nervensystems kann man schon bei Frühgeborenen mit kleinen auf der Haut angebrachten Fühlern messen: die Sättigung des Bluts mit Sauerstoff. Bei angenehmen Gefühlen, wenn die Schwester beruhigend die Hand auf den Bauch des Kin-des legt, wenn sie eine Spieluhr mit einer vertrauten Mu-sik an seinem Bettchen in Gang setzt und wenn die Mut-ter ins Zimmer oder an sein Bett tritt oder wenn sie es zu sich auf den Bauch legt, steigt sofort der Sauerstoffgehalt des Blutes.

Mit Gefühlen schummeln

Ein seltsames Phänomen entdeckten Wissenschaftler fast beiläufig. Unsere Haut reagiert auch, wenn wir mit Gefühlen schummeln. Wir alle wissen, daß sich unser Gesichtsausdruck und unsere Körperhaltung je nach empfundener Emotion – Freude, Schreck, Angst, Verwunderung, Skepsis – verändert. Und natürlich ebenso unsere Hautfeuchtigkeit. Überraschend für Forscher war, daß auch Leidenschaften, die nur gespielt sind, uns ebenso ins Schwitzen bringen wie echte. Unser Sinnesorgan Haut und gewisse Drüsen scheinen sich ziemlich leicht täuschen zu lassen. Man könnte sich fragen, ob vielleicht der gleiche Mechanismus dafür verantwortlich ist, daß Schauspieler, die oft wochenlang als Liebespaar gefühlvolle Szenen miteinander spielen, schließlich so oft wirklich als Liebespaar enden, vorübergehend wenigstens. Vielleicht hat ihr Körper das Theater schließlich geglaubt und ihren Kopf beeinflußt, so daß sie ihn »verloren« haben. Vielleicht ist dies auch der Grund für den überraschenden Erfolg gewisser Autosuggestionstechniken. Etwa sich morgens vor dem Spiegel laut zu sagen, daß man schön, stark, begehrens- und liebenswert ist. Warum sollte unser Körper sich nicht auch davon – wenigstens ein bißchen – überzeugen lassen?

Besondere Duftstoffe entsenden Drüsen in der Genital- und Achselregion. Sie beeinflussen unser Verhalten extrem stark. Wissenschaftler bezeichnen sie als Pheromone. Frauen fühlen sich von männlichen Pheromonen angezogen, Männer dagegen stoßen sie in der Regel ab. Für sie sind die entsprechenden weiblichen Duftsignale attraktiv, deren Magie wahrscheinlich ein gewisser Anteil an Östrogen ausmacht. Auch dies ein Grund, mit Parfum sparsam umzugehen. Es sei denn, man möchte sich mit einem Duftpanzer umgeben.

So viel rechtschaffener Schweiß, der – auch höchst unangenehme – Düfte zustande bringt, hat Verwirrung gestiftet. Für den ganz besonderen Duft unseres persönlichen HLA-Moleküls – und nur dafür – haben Wissenschaftler zur Erklärung zwei alternative Hypothesen anzubieten. Die erste: Das individuell spezifische Molekül nimmt, während es an der Luft zerfällt, gewisse Duftsubstanzen auf, die nun persönlich geprägt werden. Die zweite: Ein unterschiedlicher bakterieller Befall der Haut, je nach HLA-Typus, sorgt für den besonderen Geruch.

So ist es nicht verwunderlich, daß Sauberkeit und liebevolle Pflege der Haut kein Luxus sind. Das war nicht immer so. Es gab Zeiten, in denen Wasser und Baden, heute für uns Synonyme für Gesunderhaltung, als außerordentlich bedrohlich angesehen wurden. Im Mittelalter unter dem Einfluß des Schreckgespenstes Pest fürchteten die Menschen jeden Hautkontakt mit Wasser (oft genug war es tatsächlich verseucht), ja sogar den Kontakt mit der Luft. Sie glaubten, durch die Poren würden Krankheiten in den Körper gelangen. Darum empfahl man enge, möglichst hermetisch abgedichtete Kleidung. Welche Wohltat muß damals das abendliche, familiäre Lausen gewesen sein …

Trotzdem versuchte man sauber zu sein. Da auf das Gefahr bringende Wasser möglichst verzichtet werden mußte, wurde die Haut mit Parfum abgerieben. Überdies benutzte man das unter den Kleidern getragene Hemd, um den Körper rein zu halten. Das Leinen »wusch« ihn und wurde gelegentlich gewechselt. Übrigens machte sich der weise, heilkundige Nostradamus im 16. Jahrhundert beim Klerus suspekt, weil er die Pest mit Bädern behandelte – mit auffälligem Erfolg.

Heute hat sich im Vergleich zum Mittelalter alles geradezu umgekehrt. Wasser ist nicht nur das beste Säuberungsmittel. Es gilt auch – von außen und innen – als echtes Lebenselixier. Und wer einmal eine gute Thalasso-(Meerwasser-)Therapie am eigenen Leib erlebt hat, weiß, daß man sich danach wie »ein Fisch im Wasser« fühlt. Und Wasser, nicht zu vergessen, zerstört auch nicht unsere natürlichen Duftsignale.

IV. Wie wir werden, was wir sind

Nehmen wir unsere Hypothese beim Wort: Sind Gefühle nicht nur unser schnellerer, sondern auch unser erster Verstand, dann muß sich das nachprüfen lassen. Genau das wollen wir versuchen: eintauchen in das Dunkel eines Lebensbeginns, an den wir uns nicht erinnern können, zumindest nicht in Bildern und sprachlichen Figuren. All das ist so schwer vorstellbar, daß sich bis ins letzte Jahrzehnt nur wenige Spezialisten damit beschäftigt haben. Es fehlten ihnen ja auch, ähnlich den eingangs erwähnten Neurologen und Psychologen für Erwachsene, die notwendigen technischen Hilfsmittel und neurologischen Kenntnisse. Einige haben schon seit langem erstaunliche Beobachtungen zusammengetragen, die unter Fachleuten häufig als Spinnerei abgetan, von jungen Müttern jedoch mit höchstem Interesse aufgenommen wurden. Sie wußten es ja eigentlich, seit auf dieser Erde Menschenkinder geboren werden: Babys, ja sogar Ungeborene, fühlen und »verstehen« schon etwas.

Es sei ein Merkmal unserer Zeit, schreibt die Entwicklungspsychologin Karin Grossmann, »daß die meisten von uns erst dann etwas als wahr und richtig akzeptie-ren, wenn es wissenschaftlich bewiesen ist. Die Kehrseite dieser Wissenschaftsgläubigkeit ist allerdings, daß Fähigkeiten und Erfahrungen weniger wertgeschätzt werden, wenn sie nicht den wissenschaftlichen Stempel haben.«[30]

»Die« Wissenschaft allerdings (wenn es sie als solche gibt) hat sich, seit der Schweizer Jean Piaget die Entwick-

lung der Intelligenz beschrieb, in seinem Gefolge überwiegend für die kognitiven Fähigkeiten von Kindern interessiert. Verstand, die Entwicklung eines »Selbst«, eines
Selbst-Bewußtseins und ethischer Normen standen im
Vordergrund. Die emotionalen Ursprünge für all das blieben weitgehend unbeachtet. Der Kinderpsychiater und
Professor an der George Washington University Medical
School, Stanley I. Greenspan, erinnert daran, daß entscheidende geistige Entwicklungsphasen schon zu beobachten sind, lange bevor der kleine Mensch wirklich
»denkt«. In jeder Phase seien bestimmte Erfahrungen un-
erläßlich. »Im Gegensatz zu traditionellen Vorstellungen«, schreibt er, »sind diese Erfahrungen nicht kognitiv,
sondern eine Art subtiler emotionaler Austausch. In Wirklichkeit sind Gefühle (Emotionen), nicht kognitive Reize,
die ersten Bauelemente des Geistes.« Wie dieser frühe
Austausch zwischen Baby und Eltern aussieht, sich an-
hört und anfühlt, habe ich in meinen letzten Büchern ausführlich beschrieben.[31]

Die Psychobiologen Hanuš und Mechthild Papoušek
nennen all diese für einen Beobachter kaum oder gar
nicht wahrnehmbaren Verhalten »intuitiv«, weil sie in
unserem biologischen Erbe verwurzelt und ohne Nachdenken sofort abrufbar sind. Die Entwicklungspsychologen Karin und Klaus Grossmann betonen die unerläßli-
che »Feinfühligkeit« der Eltern und die dazu passende
Fähigkeit des jüngsten und jungen Kindes, diese Feinfühligkeit abzurufen, zu verstehen und zu beantworten.
Am Anfang kennzeichnen subtile gemeinsame seelische
und körperliche Bewegungen die Beziehung. Stellen wir
uns zwei ineinander und aneinander passende Formen
vor, wie ein Mandala etwa, die gemeinsam ständig in Bewegung sind. Das ist es, was Greenspan emotionalen
Austausch nennt.

Einen emotionalen Austausch, eine Art gegenseitiges Sich-kennen-Lernen, gibt es schon vor der Geburt.

Meine Freundin Chantal redete, wie viele Frauen es tun, mit ihrem ungeborenen Kind. Wenn sie morgens vor der Arbeit in den Garten ging und frische Kräuter und Früchte pflückte, sprach sie mit ihrem Baby: »Während ich, was gerade reif war, aus der Hand aß, benannte ich alles, was ich in den Mund steckte, Petersilie, Minze, Beeren. ›Das ist für dich‹, sagte ich.« Sie lacht in Erinnerung daran und meint: »Ich tat das einfach so, ohne darüber nachzudenken. Es schien mir ganz offensichtlich, daß das Kind nun an allem teilnahm.« Sie war überzeugt, daß es vor allem mit ihr und seinem Vater mitfühlte. »Natürlich bekommt es schon viel mit«, sagen Mütter nicht nur von wenigen Wochen alten Babys, sondern auch von denen, die sie noch im Bauch tragen. Im Lichte der modernen Wissenschaften erscheinen solche lange Zeit als »hormonell bedingte Gefühlsduseleien« abgetane Volksweisheiten mehr als plausibel.

Wann eigentlich tauchen in unserem Leben zum ersten Mal Gefühle auf? Wie zeigen sie sich? Wenn ein Kleinkind die erste heftige Eifersucht erlebt? Wenn ein Baby sich an die Mutter klammert, weil es nicht will, daß sie es bei der Tagesmutter läßt? Wenn ein acht Monate altes Kind dem heimkommenden Vater die Arme entgegenstreckt und sein erstes »Bababa!« hervorbringt? Wenn ein wenige Wochen altes Baby seine Mutter anlächelt? Oder schon wenn ein nackt auf einen Tisch gelegtes Neugeborenes, mit Armen und Beinen im Leeren rudernd, verzweifelt schreit?

Könnten Gefühle – oder zumindest emotionale Erlebnisse nicht auch früher beginnen: Wenn der Fötus die Stimmen der Eltern hört, liebevoll beruhigend oder laut

streitend? Wenn er die rauschenden Geräusche der Blut-
gefäße und des Herzens seiner Mutter wahrnimmt, manchmal langsam, manchmal aufgeregt schnell pulsierend? Wie
empfindet er die Hormone, die dabei zu ihm gelangen –
Adrenalinschübe, Cortisolausschüttungen? »Fühlt« vielleicht schon der Embryo der ersten Wochen über solche
Stoffwechselvorgänge mit der Mutter?

Verleugnen von Gefühlen

Es muß uns heute unglaublich erscheinen, daß nicht nur
Laien, sondern auch Kinderspezialisten und -chirurgen
noch bis in die achtziger Jahre hinein annahmen, Neugeborene und einige Wochen oder Monate alte Babys emp-
fänden nichts. Nichts, nicht einmal Schmerzen. Bei ihnen
gab es angeblich nur »Reflexe«. So ein winziger Patient
konnte verzweifelt schreien, mit allen mimischen und
körperlichen Ausdrucksweisen für Leiden, die wir bei
älteren Kindern und Erwachsenen ohne weiteres verstehen würden. Er ließ seine Beobachter kalt. So weit kann
das Verleugnen von Gefühlen gehen – nicht nur der des
Kindes, sondern auch der eigenen.

1986 berichtete H. G. Lenard, Professor an der Kin-
derklinik der Universität Düsseldorf, in der »Deutschen
Medizinischen Wochenschrift« darüber, wie weit verbrei-
tet unter Spezialisten immer noch die Ansicht sei, nicht
nur der Fötus, sondern auch das Neugeborene empfände
keine Schmerzen. Ja, er nennt barbarische Beispiele, wonach schwere Operationen ohne Narkose vorgenommen
wurden, zitiert aus einer Fachveröffentlichung. Danach
war »keine Anästhesie während der ersten $2^{1}/_{2}$ bis 3 Le-
bensmonate erforderlich.« Noch im Sommer 1998 konnte ein Bericht der BBC Aufmerksamkeit auch bei uns in

der Presse erregen, der klarzustellen versuchte: »Babys fühlen schon etwas.« Noch an der Schwelle zum Jahr 2000 scheint dies keine Selbstverständlichkeit zu sein.

Immerhin haben die letzten Jahrzehnte erstaunliche Informationen und Erkenntnisse über ein echtes körperliches und psychisches Empfinden nach der Geburt eröffnet. Erfahrene Psychologen, die Babys und ihre Eltern beobachteten, allen voran John Bowlby und Donald W. Winnicott, haben jedoch schon in den vierziger, fünfziger Jahren erkannt, daß Babys nicht nur irgendwelche vagen dumpfen Regungen empfinden, sondern von Anfang an ein Innenleben entwickeln, dessen Strukturen sich im Umgang mit der Familie und der Umwelt entfalten.

Heute beginnen wir zu verstehen, daß all dies schon vor der Geburt vorbereitet wird und anfangs als Anlage, später als äußeren Einflüssen ausgesetzte Funktion vorhanden und dynamisch lebendig ist.

Über die allerersten Stunden und Tage eines werdenden Menschen wissen wir relativ wenig. Unsere Kenntnisse sind mehr oder weniger technisch und drehen sich um Zellteilungsvorgänge, Chromosomensätze und Gene sowie künstliche Befruchtung und allerlei mögliche und einige hoffentlich nie verwirklichte Manipulationen.

Was die ersten Zellen, die als »Morula« (lateinisch: Maulbeere) drei Tage lang durch den Eileiter in die Gebärmutter wandern, an »Informationen« und Botschaften aus ihrer Umwelt, dem Körper der Mutter aufnehmen und speichern, ist unbekannt. Jedenfalls sind diese ersten Zellen bereits einem biochemischen »Klima« ausgesetzt. Einflüsse von außen, wie Gifte, schockartige Einwirkungen auf die Mutter – seelisch oder körperlich –, haben zu diesem Zeitpunkt noch eine globale, das heißt allumfassende Wirkung. Sie führen häufig zum frühen Tod des

Embryo – meist unbemerkt von der Mutter. Erst mit der Differenzierung und Spezialisierung der Zellen, sowie der Herausbildung der Organsysteme wirken schädliche Einflüsse auf besondere Körperteile und Funktionen und rufen so einzelne Mißbildungen, Behinderungen oder Krankheiten hervor. Dieses Prinzip gilt für den ganzen Entwicklungsverlauf, egal ob im körperlichen, seelischen oder geistigen Bereich. Was früh geschieht und einwirkt, hat besonders breitgestreute, umfassende und manchmal irreversible Folgen für einen Menschen. So kann ein sozial vernachlässigtes Baby an seiner inneren und äußeren Einsamkeit sterben oder vielfältige schwere Entwicklungsstörungen davontragen. Ein vernachlässigtes größeres Kind wird vielleicht lern- und sozialbehindert, später vielleicht sogar gewalttätig, und ein vernachlässigter Erwachsener möglicherweise depressiv und krank, behält aber weitgehend seine geistigen Kapazitäten. Das gleiche gilt umgekehrt bei positiven Einwirkungen.

Sicher gibt es ganz frühe Einflüsse. Das erste Informationssystem des Körpers sind nicht Nervenzellen und ihre Verzweigungen, sondern biochemische Vorgänge. Diese Kommunikationswege benutzen – wie später das Nervensystem – Botenstoffe, die ein wenig langsamer, zum Beispiel vom Blut, transportiert werden und bestimmte Nachrichten von draußen, aber auch von einem Körperbereich zum anderen an die Zielstelle bringen. Dafür gibt es überall im Körper Rezeptoren.

Die ersten Empfindungen
sind körperlich

Von dem Moment an, da der Embryo sich in der Uterusschleimhaut einnistet, braucht er das Nährgewebe der Mutter. Mit seiner zottigen, an Korallen erinnernden Hülle, dem Chorion, verschmilzt er mit einer Schicht des mütterlichen Gewebes. So entsteht die Plazenta – gemeinsam von Mutter und Embryo gebildet. Wie später das Baby an der Brust, saugt das Ungeborene bereits seine Nahrung, nur noch nicht mit den Lippen, sondern mit dem Gewebe des Chorion.

Damit beginnt das sich entwickelnde Kind nun allerdings an fast allem teilzuhaben, was die Mutter »bewegt«. Alle ihre seelischen Erlebnisse – Glück, freudige Erwartung, das Gefühl der Geborgenheit und Sicherheit, aber auch Angst, Streß, Einsamkeit, Sorge, Ablehnung des Kindes, Erschrecken – drücken sich in ihrem Stoffwechsel aus. Botenstoffe, die dabei jeweils nach Art der Erregung oder des Wohlbefindens ausgeschüttet werden, wie Adrenalin, Noradrenalin, Serotonin und Cortisol sowie die zahlreichen körpereigenen Opiate, die Endorphine, transportiert das Blut mit Hilfe des Kreislaufs. Vieles davon gelangt zum Kind, auch körperfremde Drogen, Alkohol und Nikotin beispielsweise.

Schon bald, wenn sich am 24./25. Tag nach der Zeugung das sogenannte Neuralrohr (die Uranlage des Nervensystems) schließt und sich erste Hirn-»Bläschen« formen, lösen diese Substanzen Aktionen und Reaktionen im Gehirn aus, die wiederum das Körperverhalten beeinflussen und steuern – Herz- und Atemrhythmus, ruhige oder erregte Bewegungen. Unsere ersten Empfindungen sind Körper-»Gefühle«. Schon der Embryo und Fötus haben eine »Homöostase«. Das heißt, sie können in ge-

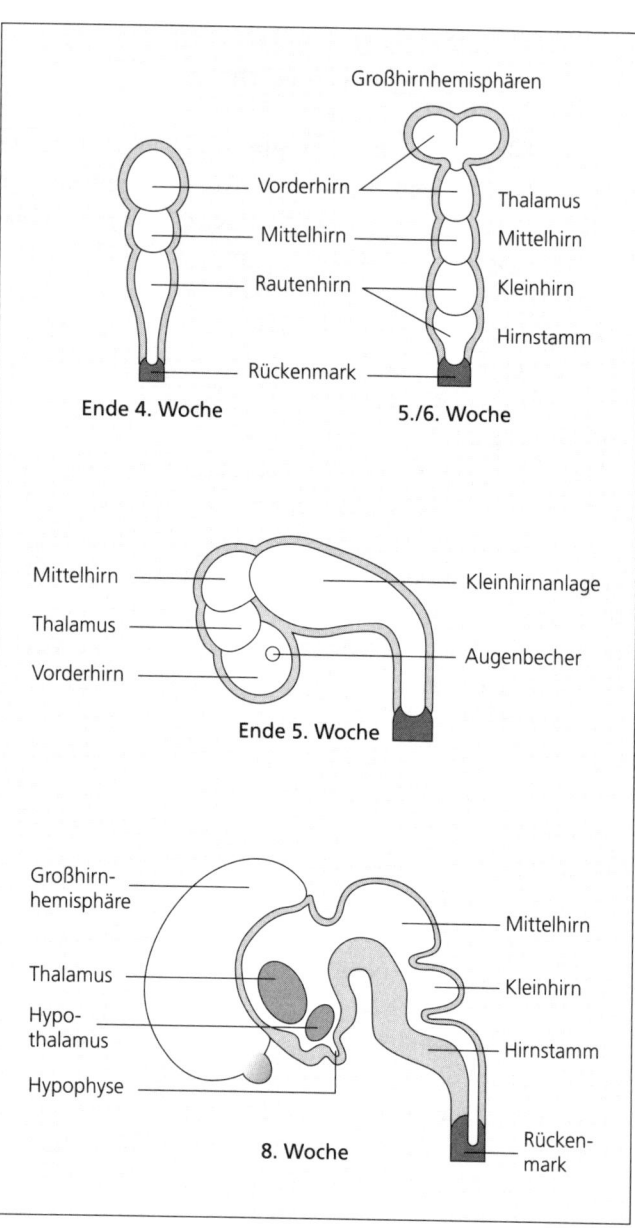

Großhirnhemisphären

Vorderhirn

Thalamus

Mittelhirn

Mittelhirn

Rautenhirn

Kleinhirn

Hirnstamm

Rückenmark

Ende 4. Woche

5./6. Woche

Mittelhirn

Kleinhirnanlage

Thalamus

Vorderhirn

Augenbecher

Ende 5. Woche

Großhirn-
hemisphäre

Mittelhirn

Thalamus

Kleinhirn

Hypo-
thalamus

Hirnstamm

Hypophyse

8. Woche

Rücken-
mark

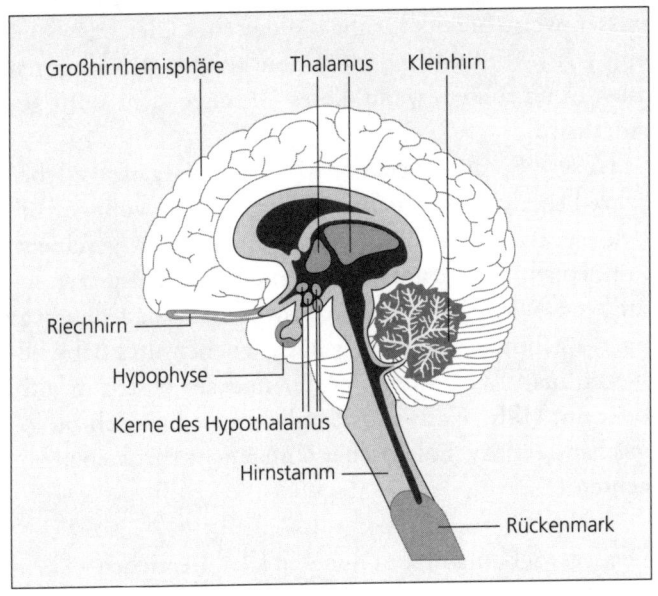

Mit der Entwicklung des Gehirns lange vor der Geburt entsteht die materiell gestaltete Grundlage für Empfindungen und Wahrnehmungen. Bereits Ende der vierten Woche zeigen sich primäre Hirnbläschen. Aus dem »Vorderhirn« werden bis zum Ende der sechsten Woche die Großhirnhemisphären und der Thalamus. Die Anlage des Kleinhirns und des Hirnstamms bilden sich aus dem frühen Rautenhirn. Die Anlage des Auges ist schon erkennbar. In der achten Woche überlagern die Großhirnhemisphären großräumig Thalamus und Hypothalamus. Ein Netzwerk von neuralen Verbindungen mit Synapsen und Dendriten (den Schaltstellen) breitet sich ständig aus und sorgt dafür, daß Informationen weitergegeben und Funktionen ausgeübt werden. Bei der Geburt sind alle seine Bereiche, die im Zusammenspiel von Wahrnehmung, Emotion und Verstand eine Rolle spielen, ausgebildet.

wisser Weise bereits für ihr biologisches Gleichgewicht, eine Art »Wohlfühlen«, sorgen. Sie können sich hingegen auch elend fühlen, wenn dieses Gleichgewicht stark gestört wird.

Unsere Sprache versagt, um diese Vorgänge zu beschreiben, denn sie drückt ja aus, was uns bewußt geworden ist. Allem, was in vorsprachlicher Zeit geschieht, können wir uns darum nur nähern. Auf Zehenspitzen sozusagen. Wir können uns ja nicht einmal vorstellen, was ein neugeborenes oder ein wenige Wochen altes Baby bewegen mag. Wir können es nur und am besten intuitiv oder mit Hilfe relativ unzulänglicher medizinisch-biologischer oder psychologischer Untersuchungsdaten beobachten.

Die Entwicklung nimmt nun – in allen Bereichen – einen rasanten Verlauf. Privilegiert ist dabei das Gehirn, denn es steuert sozusagen alle anderen Entwicklungsvorgänge und wird von Anfang an mehr als alle anderen Organe mit Blut versorgt. Zwischen der sechsten und achten Woche zeigen sich erste Rezeptoren. Allerdings wissen wir nicht, ob sie nicht bereits vorher da sind, denn wir müssen annehmen, daß Botenstoffe schon in den Zellen und im Blut vorhanden sind. Das herauszufinden ist eine Aufgabe für die Forschung. Jedenfalls schreibt Candace B. Pert, daß sich sogar in einzelligen Organismen bereits Opiatrezeptoren fänden, das heißt erste »Moleküle der Emotionen«. Mit anderen Worten: Jedes Lebewesen, die primitivste und auch die höher entwickelte Art, braucht von Anfang an ein »Organ«, eine Antenne für seine Befindlichkeit und dafür, was es braucht oder verändern muß, um seine Homöostase immer wieder herzustellen. Homöostase ist das innere Gleichgewicht, nach dem jedes Lebewesen strebt. Und jenes erste »Organ«, das es über seinen Zustand informiert, ist ein Rezeptor – ein Molekül. Dies ist die dem Leben immanente Intelligenz, die auch dem einfachsten Organismus erlaubt, nicht nur zu überleben, sondern sich anpassend und ins Gleichgewicht strebend zu entwickeln. Embryo und Fötus folgen den gleichen Gesetzen.

Wir ahnen, welche Bedeutung die Molekularbiologie mit ihrer Rezeptoren- und Botenstofforschung heute für das Verständnis unseres (menschlichen) Gesamtorganismus bekommt: Gehirn und Körper stellen sich uns immer mehr als ein riesiges Informationssystem dar, das viele Übermittlungsarten und -wege benutzt, von denen wir vor wenigen Jahren nicht geträumt hätten. Im Licht dieser neuen Erkenntnisse fangen wir auch an zu begreifen, wie wohl unser Lebensanfang aussah.

Am Ende der achten Woche hat der Fötus bereits eine differenzierte menschliche Gestalt mit der Anlage für innere Organe wie Magen, Leber, Bauchspeicheldrüse und Darm. Augen- und Ohrenansätze bilden sich.

Der Kopf ist runder, kindlicher geworden. Die einzelnen Hirnbereiche – das frühe Großhirn, der Thalamus, der Hypothalamus (wörtlich: »unter dem Thalamus«), Hypophyse, Kleinhirn und Hirnstamm – haben sich schon deutlich in ihrer Gestalt herausgebildet. Im Gehirn sind sogenannte Reflexzentren für die Atembewegungen entstanden. Das Erstaunlichste jedoch: Es sind bereits Synapsen da – Schaltstellen zwischen Nervenzellen, an denen Nachrichten übermittelt werden. So kann sich ein reiches Netzwerk aus Neuronen (Nervenzellen) mit ihren Dendriten (Nervenfasern) und Synapsen bilden. Mit den ersten bereits »arbeitenden« Funktionen kommen ständig neue Nervenbahnen zustande. Das Gehirn produziert in diesem Entwicklungsstadium eine Überfülle nicht nur von Neuronen, sondern auch von Nervenbahnen, den Nachrichtenleitungen. Der Fötus probiert sozusagen mit ihnen herum. Was sich als nicht nützlich erweist und auch, was nicht häufig in Anspruch genommen wird, verschwindet wieder.

Erste Wahrnehmungen

Alles, was sich da am Anfang entwickelt – egal ob Organe, Nervenbahnen oder Gliedmaßen – wird sofort benutzt, sobald es auch nur im rudimentärsten Stadium da ist. Das Herz beispielsweise wartet nicht darauf, zu pulsieren, bis es ein richtiger Muskel mit verschiedenen Kammern ist. Zwei mikroskopische Miniblutgefäße nehmen am 21. Tag wie von einem Zauberstab berührt einen Rhythmus auf, der uns ein Leben lang begleitet. Das gleiche gilt für das Gehirn. Nervenbahnen müssen nicht, wie man noch vor gar nicht langer Zeit annahm, erst gefestigt, »myelenisiert« sein (das heißt mit einer stabilisierenden Eiweißschicht umhüllt), bevor sie Nachrichten weiterleiten.

Wir müssen annehmen, daß es sich mit den ersten Wahrnehmungen, die schon in der Embryonalzeit, also vor der achten Woche auftauchen, ähnlich verhält. Sie machen sich sogar besonders nützlich, da sie entscheidend zur Gesamtentwicklung beitragen. Die ersten Anlagen von Sinnessystemen nehmen ihre Funktion auf, lange bevor sie samt der dazugehörigen Sinnesorgane, wie Auge und Ohr, voll ausgereift sind.

Das werdende Kind nimmt also bereits etwas wahr, das heißt, es muß schon »etwas mitbekommen«. Und mehr noch: Es scheint »nach seinen Wahrnehmungen zu agieren«. So drückt es die Kinderpsychiaterin Alicia Lieberman aus. Wie ich bereits eingangs erwähnte, ziehen sich Embryos »schon in einem Schwangerschaftsalter von siebeneinhalb Wochen von einem störenden Reiz wie einer leichten Berührung zurück, indem sie eine globale Antwort geben, die mit Zurückbiegen des Kopfes beginnt und dann progressiv die Hände, den Rumpf und die Schultern erreicht«.[32]

Solche Bewegungen werden nicht nur von Laien immer noch mit dem Begriff »Reflex« belegt, der im Licht der heutigen Kenntnisse nicht mehr angemessen erscheint. Es handelt sich in Wahrheit – vor allem beim Fötus zunehmend mit seinem Reifungsalter – um ein viel komplexeres Geschehen, eine höhere Verhaltensform. Das Kind antwortet mit den ihm jeweils nach seinem Entwicklungsstadium zu Verfügung stehenden Bewegungsmöglichkeiten. Jeden Tag, jede Woche, die es älter wird, reifen seine Wahrnehmungssysteme, seine Fähigkeiten zu empfinden und motorisch, also mit Bewegung, zu handeln, zu »agieren«. Der Fötus kann mehr als nur »reagieren«. Er kann viel mehr als nur ein genetisches Programm abspulen. Das gilt sogar für die Entwicklung bei höheren Wirbeltieren, Vögeln zum Beispiel. Der amerikanische Wissenschaftler E. W. Sinnott fragt darum, wo hört genetisches Programm auf, und wo beginnt »Verhalten«? Wir nennen das Verhalten eines Kükens, das die Eischale zerbricht, einen instinktiven Akt. »Wie aber unterscheidet sich dies letztlich von früheren Bewegungen des Embryos, die dorthin geführt haben?« Zum Menschen jedenfalls erklärt der italienische Spezialist für Bewegungsentwicklung, Milano Comparetti, das ungeborene Kind bringe eine eigene kreative, individuelle Leistung ein. Und diese wird ständig sowohl von seiner Umwelt als auch von ihm selber immer wieder modifiziert und damit verbessert.

Verstand zeigt sich zuerst
als Gefühl

Eine Schwangere legt ihre Hand auf ihren Leib: Das wenige Wochen alte ungeborene Kind bewegt sich darauf zu. Sie legt eine Hand auf die gegenüberliegende Seite, und wiederum kommt ihr das Kind entgegen. »Haptonomie« nennt man diesen Austausch. Der Niederländer Frans Veldman prägte diesen Begriff: Eine Möglichkeit erster aktiver Kommunikation durch Tastsinn und Bewegung und vielleicht noch andere Wahrnehmungsmöglichkeiten. Wenn man dieses fötale Verhalten beobachtet, kommt man auf den Gedanken, daß es ein Spiel sein könnte. Ist so etwas wie ein Gefühl der Lust dabei? Ist es der eingepflanzte Drang, eine mögliche Fähigkeit zu nutzen? Was empfindet ein Kleinkind, wenn es herumtobt, einem unwiderstehlichen Drang und der Lust an der eigenen Bewegung nachgebend? Der Fötus probiert aus, was er »machen« kann – mit seinem Gleichgewichtssinn, mit seiner Fähigkeit, sich in einem so kleinen Raum zu orientieren und dabei vielleicht die Membranwand der Fruchtblase zu berühren. Er handelt emotional, das heißt in einem uremotionalen Antrieb, die eigenen Empfindungen zu nutzen. Das muß er auch, um sich und sein Nervensystem weiterzuentwickeln.

Ich schildere all dies, um anzuregen, die Entwicklungsprozesse nicht mehr getrennt nach Kategorien und Stufen zu sehen: Hier körperliche Gestalt und Funktionen, dort Wahrnehmung, da Empfindung, da erste Emotionen und Gefühle und schließlich, als Krone des Ganzen, den Geist. Alles beginnt gemeinsam, in gegenseitiger Abhängigkeit voneinander und sich wechselseitig fördernd, die Entwicklung aufzunehmen. Wechselseitig stimulieren sich die Systeme. Sie spielen sich sozusagen

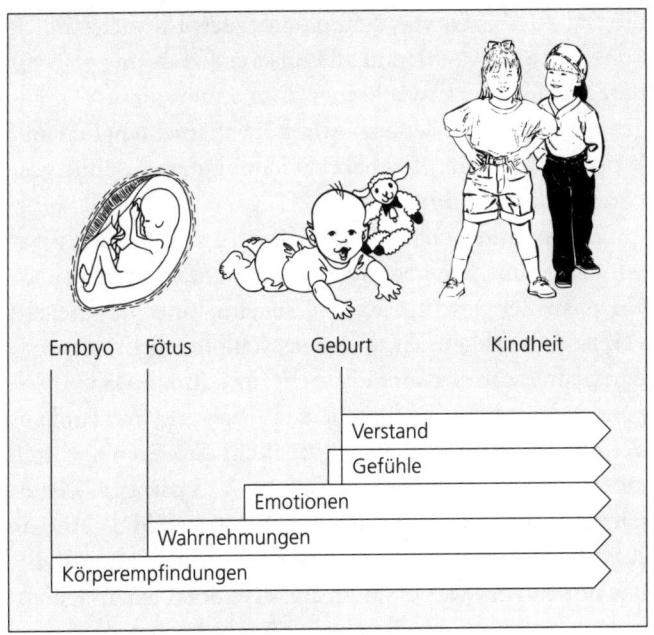

Embryo   Fötus   Geburt   Kindheit

			Verstand	
			Gefühle	
		Emotionen		
	Wahrnehmungen			
Körperempfindungen				

Die allerersten Bauelemente des Geistes sind nicht kognitiv. Am Anfang tauchen bereits beim etwa acht Wochen
alten Embryo Körperempfindungen auf. Erste Rezeptoren,
die »Empfänger« für Wahrnehmungen, bilden sich. Diese
frühen Empfindungen und Wahrnehmungen sind der Nährboden für eine Art Uremotionen noch im Mutterleib. Um
die Geburt herum verfeinern sie sich und führen mit dem
aufkeimenden Bewußtsein zu elaborierten Gefühlen. Jetzt
erst kann sich der Verstand – im Zusammenlaufen aller
Stränge – entfalten. Alle diese Stränge (eigentlich »Systeme«)
sind lebenslang an Geistesprozessen beteiligt: Sie verfeinern und integrieren sich ständig.

die Bälle zu. Das, was sich da entfaltet, ist buchstäblich »unbeschreiblich«: Denn aus unserer Erfahrung als größeres Kind oder Erwachsener können wir diese Vorgänge und dieses »Erleben« nur höchst unzulänglich mit Worten darstellen. Wir haben nicht einmal die angemessenen Begriffe dafür.

Darum sind auch der Begriff »Verstand«, der zwar schwer definierbar, aber doch in unserem Sprachgebrauch einigermaßen fest umrissen erscheint, oder der Begriff »Geist« im frühen Entwicklungsstadium nicht anwendbar, denn sie passen einfach nicht für das, was da vor sich geht. Nur, es heißt auch nicht, daß Geist und Verstand aus dem Nichts kämen. Daß sie gar nicht da wären und sich eines Tages, o Wunder, bei einem Vierjährigen, Zweijährigen, einem Einjährigen, der zum ersten Mal »Mama« sagt, oder auch schon bei dem drei Monate alten Baby, das mit einem Mobile spielt, aus dem Staub sozusagen in höhere Sphären aufschwängen. Auch der Schmetterling war vor seinem ersten Höhenflug schon als Larve da. Der menschliche Geist jedoch ist vor seinem ersten Flug, lange vor dem ersten sprachlichen Gedanken, bereits viel dynamisch-lebendiger eingebettet in ein komplexes Gesamtgeschehen der Entwicklungsbewegung.

Wir könnten sagen, daß es da bereits »Anlagen« von geistigen Funktionen gibt. Nur, das Wort Anlage paßt auch nicht gut, weil es etwas Statisches beschreibt. Hier aber ist tatsächlich alles mehr als jemals später im Leben, wo sich alle Prozesse zunehmend verlangsamen, in Bewegung: ständig wachsend, sprossend (man spricht von Neuronensprossung), sich ausbreitend aus der Tiefe des Gehirns nach oben und außen – »Zellwanderung« (Migration) genannt –, neue Formen, Konfigurationen bildend, Wechselwirkungen eingehend, aussortierend bzw. »löschend« oder stabilisierend. Ein Film, viel bunter und changierender als jedes Farbspiel eines Kaleidoskops, das uns in Entzücken versetzt. Um bei diesem Bild zu bleiben: All diese bunten changierenden, interagierenden Elemente sind notwendig, um Fähigkeiten hervorzubringen, die wir erste Wahrnehmungen und Körperempfindungen, emotionales und emotional-kognitives Erleben, Spüren, Fühlen, Lernen, Ordnen, Erinnern und schließlich Verstehen und Denken nennen.

Stellen Sie es sich einmal wirklich als einen bunten, formenreichen, dreidimensionalen Film vor, in dem immer so viel Neues passiert, daß Sie gar nicht wissen, wohin Sie zuerst blicken sollen. Und dann bildet sich da etwas Erstaunliches, Unerwartetes heraus, wie ein wunderbarer Kristall – nur daß alle seine Strukturen weiter in Bewegung sind!

Halten wir einige solcher Filmszenen fest, über die wir ein relativ verläßliches Wissen haben:

Wir wissen, daß das Kind im Mutterleib mit der Stimme der Mutter vertraut ist und sie schon in den ersten Stunden nach der Geburt unter anderen Stimmen herausfindet. Es kann sich ebenso auch an eine bestimmte in der Fötalzeit gehörte Musik oder sogar an die Klangfolge einer Geschichte erinnern. Es ist in der Lage, die Muttersprache von anderen Sprachen zu unterscheiden. Das Neugeborene zeigt Vorlieben, Freude an dem ihm bereits Bekannten. Dieses Vergnügen an einer Sache treibt es bereits in den ersten Lebensstunden dazu herauszufinden, in welchem Rhythmus es an einem »nichtnutritiven« (keine Nahrung spendenden) Sauger nuckeln muß, um damit ein Tonbandgerät mit dem gewünschten »Sound« anzuschalten.[33]

Wenn ein etwa 34 Wochen alter Fötus mit Bewegung und verändertem Herzrhythmus auf eine Silbenfolge wie

»Bi-Ba« reagiert (am Ende der Schwangerschaft kann das Kind schon gut hören) und nach einigen Wiederholungen »uninteressiert« reaktionslos bleibt, jedoch sofort erneut antwortet, wenn ihm statt »Bi-Ba« nun »Ba-Bi« angeboten wird, wovon sollen wir da sprechen? Verhaltenspsychologen nennen, was der Knirps da zeigt, »Habituation«. Habituation, das heißt Gewöhnen an einen Reiz und wieder aufmerksam werden, wenn er nur subtil geändert wird. Das zusammen bezeichnet man jedoch schon als erstes Lernverhalten. Es gründet sich auf etwas, das man in der Fachsprache Appetenz nennt. Ein einfaches Gefühlsverhalten, das zunächst nur zwei Möglichkeiten als Antwort auf einen Reiz oder eine Situation kennt – »angenehm« (z. B. interessant) oder »nicht angenehm« (z. B. uninteressant, langweilig).

Können wir da bereits von einer Manifestation des »Verstandes« sprechen? Jeder Pädagoge weiß, daß auch das Kind, das bereits sprachlich denkt, und überhaupt Lernen und geistiger Fortschritt unser ganzes Leben lang diese Gefühlsbasis brauchen. Es gibt keine Zäsur im Entwicklungsgeschehen, und es bleibt uns überlassen, wie wir unsere Begriffe einsetzen wollen. Am Anfang jedoch scheinen primäre Verstandes-»Regungen« nicht nur ganz und gar eingebettet in Körperempfinden, Wahrnehmung und Gefühl, sondern sogar identisch mit Gefühl.

Aber auch Emotionen und Gefühle entsprechen noch nicht den unseren. Ein Baby hat nicht die gleichen Gefühle wie ein Kleinkind und ein Kleinkind nicht die eines Erwachsenen. Irgendwann entwickeln sich Emotionen in einer Art Urzustand. Sie formen und strukturieren sich mit der Umwelt, in der das Kind lebt – auch schon mit der des Mutterleibs. Dort wird noch das meiste, ebenso wie später vom Neugeborenen, wahrscheinlich vorherrschend als körperlich empfunden: wohl fühlen – nicht wohl fühlen; warm und geborgen sein – frieren und allein sein; hungrig, das heißt ganz und gar unwohl, ja verzweifelt sein – und satt werden, das bedeutet die Mutter fühlen, hören, sich gut im ganzen Körper fühlen. Damasio schreibt, es sei nun notwendig, herauszufinden, »wie die körperlichen, ständig angepaßt modulierten Repräsentationen subjektiv werden, wie sie in das ›Ich‹, das sie beherbergt, integriert werden«.[34]

Wie körperliches Erleben in das »Ich« integriert wird

Wie so etwas geschehen kann, erklärt Alicia Lieberman an einem uns allen vertrauten Beispiel, dem Hungergefühl: »Ein junges Baby, das schreit, weil es hungrig ist und liebevoll gefüttert wird, lernt, daß es eine Verbindung zwischen seinen Hilfeschreien und einem darauffolgenden Erfolg gibt: die angemessene Reaktion der Mutter ... So ein Baby lernt in Streßsituationen, die in seinem Innern entstehen, hoffnungsvoll zu warten. Die feinfühlige Beantwortung (seines Signals) durch die Mutter hilft ihm, seine Angst in möglichen Grenzen zu halten.« Dagegen entfalte sich eine ganz andere innere Erfahrung, wenn das Baby schreit und schreit und nichts passiert. Dann »kann es keine kausale Verbindung zwischen Brauchen und Bekommen lernen. So steigt mit dem körperlichen Unwohlsein seine Angst, alles würde ohne Ende so weiter gehen. Verzweiflung tritt an die Stelle von Hoffnung, und das Baby hat nur zwei Möglichkeiten, darauf zu reagieren: völlige Auflösung mit heftigem, wütendem Schreien oder Rückzug in lethargischen Schlaf.«[35] (Ein Neugeborenes hat noch keine körperlichen Ressourcen, die ihm das Warten erleichtern, wenn es Hunger hat.)

Unschwer, sich vorzustellen, wie eine solche negative oder positive Erfahrung, wenn sie sich in ähnlicher Weise häufig wiederholt, in die Zukunft wirkt. Wie sie in das ›Ich‹ integriert wird. So lernt ein Kind schon in den ersten Tagen aus solchen Erfahrungen und den begleitenden Gefühlen, was es selber bewirken (oder nicht bewirken) kann, und »es lernt eine Menge über das, was es von Beziehungen erwarten kann«. Ein folgenreiches Lernen, das (wie andere solcher Erlebnisse) über Selbstvertrauen und Vertrauen in andere Menschen entscheidet. Ihre Reaktionen, Gefühls- und Handlungsantworten werden vorhersehbar. Je häufiger ich die Erfahrung mache, daß jemand immer wieder ähnlich reagiert, wenn ich schreie (in Schwierigkeiten stecke) oder rufe (ihn um Hilfe bitte), desto besser kann ich nach und nach vorhersehen, wie er handeln wird. Ich lerne, ihn einzuschätzen. Ist seine Beantwortung nun auch noch meinem Appell angepaßt (»feinfühlig«) – gibt er mir also bei Hunger, Hungerschmerz und Verzweiflung zu essen und nimmt mich liebevoll in den Arm –, dann lerne ich, daß er mein Signal versteht, daß es also sinnvoll war. Ich beginne, selber etwas zu »verstehen«, nämlich: »So und so hängen meine Gefühle und Handlungen mit denen des anderen zusammen.« Nun kann ich sie leicht abwandeln, und lernen, was dann passiert. Es klappt. Der andere, der Feinfühlige, handelt wieder, wie ich es erwarte, er paßt sich der leichten Abwandlung meines Signals an. Er versteht sie. Ich kann ihm und mir vertrauen und »selbstbewußt«, kühn meine Appelle nun verfeinern. Ich muß nicht mehr schreien, um verstanden zu werden. Das ist Lernen. Lernen durch Fühlen.

Im Schlaf lernen

Tun wir einmal so, als könnten wir durch ein winziges Fenster in den Kopf dieses Babys sehen und betrachten dieses psychisch-emotionale Lernen und Behalten auf der neuralen Ebene. Um aus Erfahrungen, wie denen des hungrigen Babys, das dann gleichzeitig gesättigt und getröstet wird, spätere Erwartungen mitzunehmen, müssen wir sie speichern. Wir brauchen Gedächtnis bzw. Erinnerung.

Dazu leistet unter anderem der Schlaf und vor allem der REM-Schlaf (der leichte Schlummer der »Rapid Eye Mouvements«) einen wesentlichen, ja unerläßlichen Beitrag. Wir wissen darum eine Menge über diese Vorgänge aus der neuesten Schlafforschung.

Der Fötus, das neugeborene und das wenige Wochen alte Baby befinden sich den überwiegenden Teil ihrer Tageszeit im REM-Schlaf. Sie haben noch keinen Tiefschlaf. REM-Schlaf heißt für uns träumen und zwar meist recht emotional. Auch der Fötus und das Baby träumen, wahrscheinlich noch emotionsreicher als wir (weil noch nicht »sprachlich«). Ihr Traummaterial sind zunächst überwiegend Empfindungen und später Gefühle.

Der Fötus und sogar noch das Neugeborene machen noch viel mehr in diesem Traumschlaf, nämlich vieles von dem, was wir ausschließlich im Wachen tun: Sie bewegen sich beispielsweise. Wir rollen nur mit den Augen und sind sonst im REM-Schlaf gelähmt und von der Außenwelt abgeschnitten, allerdings ist unser Gehirn hoch aktiv. Das ist es auch beim Fötus, und über unsere Aktivität hinausgehend, ist sein Schlaf in diesen Phasen ein Zustand, der häufig annähernd unserem Wachsein beziehungsweise dem »ruhigen Wachsein« eines Babys entspricht.

Durch diese Besonderheiten spielt, so meinen Schlafforscher, der REM-Schlaf des Fötus und der Babys eine wichtige Rolle bei der Reifung des Gehirns. Das bedeutet zum Beispiel, daß wichtige Neuronenverbindungen konsolidiert und sozusagen eingeübt, andere überschüssige, im Übermaß produzierte, dagegen abgeschafft werden. Der englische Schlafforscher James Horne hält diese »ontogenetische Hypothese« (Ontogenese = Reifung des Individuums, im Gegensatz zu Phylogenese = Entwicklung der Art) für besonders attraktiv. Sie erklärt zum Teil die bis heute ungeklärte Frage, warum wir schlafen. Das heißt also: Das Tier oder der Mensch (bzw. das Baby) brauchen nicht aufzuwachen, damit ihr Gehirn stimuliert wird. Im Schlaf schafft das Gehirn dies ganz allein.

Ist es nicht merkwürdig, daß wir ebenso wie das ungeborene Kind im Schlaf ohne jeden visuellen Reiz so lebhaft mit den Augen rollen und dabei – im Traum – auch tatsächlich Dinge, Menschen und Bewegungen zu sehen scheinen? Möglich ist das, weil wir in der Tiefe unseres Gehirns so etwas wie ein Perpetuum mobile haben, die Quelle einer ständigen elektrischen Aktivierung des Großhirns: den Hirnstamm, einen der evolutionär ältesten Teile unseres Gehirns. Hier, in den besonders großen »Retikularzellen«, wo auch das Pendel zum An- und Ausschalten des REM-Schlafs schwingt, entdeckte man 1960 den Sender für die pulsierenden Signale an den visuellen Cortex (das Seh-Hirn). Jedes dieser Signale schickt Informationen für die Richtung und das Timing der Augenbewegung. Das läßt sich im EEG (Elektroenzephalogramm) nachweisen. So ist es auch in der Frühzeit der kindlichen Entwicklung. Wie sonst wäre es möglich, daß ein Kind nach der Geburt sofort sehen kann. Es perfektioniert dieses Sehen sehr schnell, indem es sich auf das mütterliche Gesicht und später auf andere Gesichter konzentriert.

Dabei ist doch dieser Sinn der einzige, den es im Mutterleib noch nicht oder kaum benutzen kann. Aber seine Voraussetzungen wurden bereits geschaffen und damit die Basis für die erste emotionale Kommunikation. Sollten wir nicht sogar von emotionaler »Kognition« sprechen? Schließlich erkennt das Kind seine Mutter ja tatsächlich – auch mit Hilfe anderer emotionaler Sinneserfahrungen wie Fühlen und Hören.

Der Entwicklungsschlaf im Mutterleib bereitet das alles vor. Die Sache wird noch interessanter, wenn wir die neuen Erkenntnisse über die Entwicklung der Wahrnehmungssysteme beim Fötus und beim Neugeborenen in Betracht ziehen. Sie lehren uns, daß in dieser gesamten frühen Entwicklungszeit die »Systeme«, das heißt die einzelnen Sinnesorgane und die dazugehörigen Zentren im Gehirn, noch aufs engste (viel enger und anders) miteinander verknüpft sind als später. Stimuli werden sozusagen kreuz und quer durch die Systeme verarbeitet. Ein auditiver Reiz zum Beispiel kann im taktilen System verarbeitet (»codiert«) werden und umgekehrt. Es gibt am Lebensanfang – auch noch beim Baby und sogar noch beim Kleinkind – eine Art Synästhesie. Synästhesie nennen wir es, wenn wir eine Farbe als einen Klang spüren. So aktiviert die andauernde Hirnstamm-Stimulierung des Sehcortex auch andere Systeme.

Da die Muskeln des Fötus und ganz jungen Babys, wie wir gesehen haben, noch nicht wie bei uns im Schlaf blockiert sind, werden sie im Zusammenspiel der Wahrnehmungssysteme häufig aktiviert. So kann das Ungeborene vieles von dem, was es nach der Geburt schon ausführen muß, z.B. motorische Bewegungsabläufe – Saugen, Schlucken, Strampeln, den Kopf wenden –, einüben und benutzen. All das ist von Empfindungen begleitet, ja es ist ohne sie gar nicht möglich. Und es rückt alles in ein anderes Licht, wenn wir noch hinzunehmen, was der französische Schlafforscher Michel Jouvet aus seinen Tierbeobachtungen folgerte: Da das Gehirn im REM-Schlaf fast alles durchspielt, was im Wachen bewältigt werden muß, wird diese Schlafphase offenbar gebraucht, um das uralte genetische Erbe immer wieder auf den neuesten Stand zu bringen. Der französische Wissenschaftler hatte bei niederen Säugetieren, deren Verhalten noch besonders stark von angeborenen Instinkten beherrscht wird, beobachtet, daß REM-Schlaf-Entzug erstaunliche Folgen zeigte: Die Tiere verloren die Fähigkeit, sich in ihrem Verhalten an die Umwelterfordernisse anzupassen. Auch für die höher entwickelten Säugetiere und den Menschen scheint es notwendig zu sein, das vorhandene »Material« unseres Erbes, das heißt unsere genetisch angelegten Verhaltensweisen, jede Nacht wieder »durchzuspielen«. So halten wir alles aktionsbereit. Das uralte Programm darf nicht einrosten. Für den Fötus und das Baby heißt es, daß sie im Schlaf doppelte Arbeit leisten: Sie müssen ihr genetisches Programm üben und gleichzeitig mit Hilfe eines vielfältigen Wahrnehmungszusammenspiels schon besonders viel Neues »erarbeiten« und einschleifen.

Fötus und Baby haben uns dabei etwas voraus: Sie können in gewisser Weise ihre Träume verwirklichen. Denn sie können sich ja im REM-Schlaf im Gegensatz zu uns bewegen. Bewegungen aber erfordern ein komplexes Zusammenspiel von verschiedenen Wahrnehmungen – Gleichgewicht, Eigenwahrnehmung (Propriozeption) und Tastfühlen (Taktilität).

Wie Gedächtniskabel verstärkt werden

Für all das braucht das Baby vor und nach der Geburt die Möglichkeit, etwas zu speichern, zu behalten. Etwas, das sich tief »eingräbt«, das sozusagen eine körperliche Markierung hinterläßt. Wir sagen manchmal: »Diese Erinnerung hat sich ihm tief eingebrannt«, um auf die Körperlichkeit, das Biologisch-Materielle solcher gespeicherten Erlebnisse hinzuweisen. Tatsächlich passiert das wirklich so. Nicht nur beim Baby, auch bei uns Erwachsenen.

Wenn bisher so viel vom Schlaf am Lebensanfang die Rede war, dann, weil er beispielhaft und in den Anfängen die Arbeit des Gehirns demonstriert und erklärt, warum und wie schon so vieles vor der Geburt aktiviert, ausprobiert, geübt und immer wieder abgerufen (in Erinnerung gebracht) wird. Empfindungen und Emotionen spielen dabei nicht nur eine begleitende, sondern eine auslösende Rolle. Sie sind sozusagen das erste »geistige« Material, mit dem unser Gedächtnis zu diesem frühen Zeitpunkt umgeht.

Wir alle haben schon erlebt, schreibt der amerikanische Schlafforscher J. Allan Hobson, »daß wir mit der Lösung eines Problems im Kopf aufgewacht sind«.[36] Und zwar eines, an dem wir schon einige Zeit herumgeknobelt haben. Offenbar hat unser Geist im Schlaf an etwas gearbeitet, das wir am Tag nicht bewältigen konnten. Wir wissen, wie wichtig es ist, in Phasen geistiger und kreativer Anspannung auch Zeit zum Schlafen zu haben. Die Dinge müssen reifen, sagen wir. Wie das passiert, weiß man zwar noch nicht in allen Details. Seit kurzem ist jedoch bekannt, daß Nervenzellen anders reagieren, »antworten«, wenn sie eine Erfahrung bereits ein oder, besser noch, mehrmals gemacht haben. Sie sind dann sensibilisiert für diese Art Stimulus. Wie das Gehirn in allen seinen Bereichen – und genau das ist der Fall – solche erinnerte Erfahrungen speichert, wie es damit in seinen Myriaden von Neuronen und vielfältigen Verbindungen umgeht, ist noch nicht geklärt. Jedoch weiß man heute, daß es eine Vielzahl von Gedächtnissystemen gibt, die sich auf unterschiedliche Hirnareale stützen. So benutzen bewußte Erinnerungen bevorzugt andere Bereiche – den sogenannten Temporallappen, der beiderseits über und hinter dem Ohr liegt – als unbewußte, die weiter über das Gehirn verteilt sind. (Unbewußt sind zum Beispiel alle Fertigkeiten und viele, besonders emotionale Erlebnisse aus früher Kindheit. Allerdings stehen alle Systeme miteinander in Verbindung.)

Wenn eine neue Erfahrung zweimal oder mehrmals gemacht wird – wie beispielsweise die des hungrigen Babys mit der herbeikommenden Mutter –, speichert sie das Gehirn als eine Zunahme der »synaptischen Stärke«, erklärt Hobson. Wenn die synaptische Stärke zunimmt, bedeutet das nichts anderes, als daß zukünftig für dieselbe Information weniger elektrische Impulse gebraucht werden, um ein Neuron zum »Feuern« zu stimulieren. Es genügt dann sozusagen, wie bei einer gespeicherten Telefonnummer, daß nur ein Knopf leicht angetickt wird, und alles ist blitzartig wieder da.

Damit das passiert, damit eine Erfahrung dauerhaft im Gehirn gespeichert werden kann, müssen sozusagen bestimmte Verkabelungen verstärkt werden. »Cells that fire together wire together« (Zellen, die zusammen feuern, verdrahten sich), dieser oft benutzte Slogan, fange diese Idee besonders gut ein, so Joseph LeDoux.[37] Weil es sich nicht um Drähte, sondern um Nerven und ihre Synapsen handelt, entsteht hier nicht eine stabilere Verkabelung, sondern eine neue Proteinstruktur und zwar durch besondere elektrische Aktivierung im Neuron. Man nennt das so entstandene Protein auch Gedächtnisprotein bzw. -eiweiß. Was vorher im Wachen aktiviert worden ist, die Synapse(n), wird im REM-Schlaf von innen her reaktiviert. So werden im Wachen gespeicherte Informationen dauerhaft gefestigt, und jeweils ein bestimmtes Netzwerk von Neuronen wird verstärkt. Wissenschaftler nennen diesen Prozeß der Veränderung der synaptischen Stärke, der bei uns allen zunächst im Wachen stattfindet, »Long-Term-Potentiation« (Langzeit-Potenzierung), abgekürzt LTP. Die Synapsen, an denen solch eine Verstärkung stattfindet, nennen sie »hot spots«.

LeDoux erklärt, daß diese LTP nur zustande kommt, wenn mit einem Reiz (einer Erfahrung bzw. Lernerfahrung) eine ganze Reihe von Inputs (Eingaben) an eine bestimmte Nervenzelle gelangen, so daß eine Vielzahl von Synapsen aktiviert werden. Wenn nicht genügend in Aktion versetzt werden, komme keine Langzeit-Potenzierung zustande. Das heißt, wir vergessen schnell wieder, was wir gehört, gesehen, gefühlt oder erlebt haben.

Die Vielzahl der Reizungen wird am besten erreicht durch Zusammenwirken von gleichzeitigen Informationen: von Assoziationen. Es kommt dann zu einer »Kooperation« der Eingaben in die Zelle. Bei dem Baby unseres Beispiels geschieht diese Assoziation dadurch, daß die Mutter nicht nur den Hunger stillt, indem sie die Brust oder das Fläschchen gibt, sondern gleichzeitig liebevoll mit dem Kind spricht, es anblickt, zärtlich in den Arm nimmt und seine Wange und sein Köpfchen streichelt. Alles zusammen erzeugt eine starke Wirkung und baut eine Langzeit-Verstärkung an den beteiligten Nervenzellen mit ihren Synapsen auf. Ähnlich kooperativ wirken die Erfahrungen auch im negativen Fall, wenn die Mutter nicht kommt, um das Baby zu füttern. Die assoziativen Erfahrungen sind dann Hungerschmerz, Unwohlsein im ganzen Körper, Verzweiflung, Alleinsein, Hoffnungslosigkeit. Wie schon gesagt: Wenn sich solche Erfahrung in gleicher Weise wiederholen, bleibt im Gedächtnis eine Spur, die vielleicht unauslöschlich ist oder zumindest lange hält und ins Verhalten des Kindes und Erwachsenen hineinwirkt.

Wir haben viele Gedächtnisse

Warum beschäftige ich Sie so lange mit Schlaf und Babys, die noch nicht einmal oder grade eben die Nase in die Welt strecken? Nicht, weil sie so niedlich und im Schlaf ganz besonders entzückend sind und bei vielen von uns Gefühle wecken. Ich schildere all das so ausführlich, weil sich in diesem frühen Zeitraum das kleine Hänschen eine Art Urverstand »webt« – aus Wahrnehmungen, Empfindungen, Emotionen.

Das erste Gedächtnis ist ein emotionales, und es interessiert uns deshalb so sehr, weil es so erstaunlich haltbar und weitreichend in seinen Einflüssen auf unseren späteren bewußten Verstand ist.

Bewußter und unbewußter Verstand, bewußte und unbewußte Erinnerungen. Wir haben diese Unterscheidung schon des öfteren benutzt. Der amerikanische Forscher Joseph LeDoux gibt uns dazu noch tiefere Einblicke, die sowohl für uns als auch für Babys gelten.

Wenn wir daran denken, daß es mehrere Gedächtnisse gibt, dann kommen uns Lang- und Kurzzeitgedächtnis in den Sinn. Es gibt aber auch »Gedächtnisse«, die speziell dafür zuständig sind, daß ich laufen lerne, daß ich deutsch spreche, daß ich das Einmaleins (schlecht) kann, daß ich weiß, wie man Schach spielt, daß ich auf einem Bein stehen kann, daß ich weiß, wie Holunderbeersuppe schmeckt und wie frische Backnudeln duften, daß ich Gedichte »kann«, daß ich Angst habe, wenn mir eine riesige Spinne zu nahe kommt oder wenn ein ganz bestimmtes Flugzeugbrummen zu hören ist. Und LeDoux nennt noch die erstaunliche Tatsache, daß das System, mit dem er lernte, einen Baseball zu treffen, ein anderes ist, als das, mit dem er sich daran erinnerte, wie er einmal den Ball zu treffen versuchte und ihn verfehlte.

Überall geht es dabei um Langzeitgedächtnis. Aber es beruht auf unterschiedlichen Arten der Erinnerung und der Emotionen. Meistens denken wir mehr daran, daß wir uns an Ereignisse und Situationen erinnern. Zum Beispiel an den ersten Kuß, den wir mit dem Freund oder der Freundin erlebten, oder an einen Verkehrsunfall. LeDoux nennt dies das deklarative oder »explizite« Gedächtnis: ein bewußtes Erinnern an Dinge, die wir beschreiben können, ein Erinnern an ein emotionales Erlebnis. Beim expliziten Erinnern an etwas, sind wir uns der Basis der Gedächtnisleistung bewußt.

Eine andere Art von Gedächtnis jedoch speichert, wie beim ersten Kuß die Haut des anderen roch, oder wie bei dem Verkehrsunfall die Frau neben Ihnen besonders schrill und lange schrie. Diese Erinnerung, genauer noch, das Gefühl, das Sie dabei empfanden, »graviert« etwas Dauerhaftes ein, an das wir uns vielleicht später gar nicht mehr bewußt erinnern. Dies Gedächtnis nennt der amerikanische Wissenschaftler das nicht deklarative, »implizite«. Es wird aus dem Duft beim ersten Kuß oder dem Schrei beim Verkehrsunfall eine *emotionale Erinnerung*, nicht eine Erinnerung *an* etwas. Das heißt, die Erinnerung selber ist emotional, sie ist für uns fast gleichbedeutend mit einer bestimmten erschreckten Erregung oder einem Wohlgefühl, das uns durchströmte. Die Leistung dieses impliziten Gedächtnisses wird von unbewußten Faktoren geleitet.

Implizite, prozedurale (weil auch viele Fertigkeiten speichernde) Gedächtnissysteme beherbergt unser Gehirn in einer Vielzahl, dagegen wird das explizite, deklarative Gedächtnis nur von einem einzigen System, dem »des Temporallappens«, vermittelt. Das leuchtet uns besonders ein, wenn wir daran denken, daß unsere Vorfahren auf diesem Planeten schon vor Millionen von Jahren lernen mußten, wie man es anstellt, zu überleben und seine Art zu erhalten. Dazu verfügten sie bereits über eine Reihe von impliziten Gedächtnissystemen, lange bevor es ein bewußtes Gedächtnis gab.

Wir können vergessen und doch behalten

Vielleicht wird der Duft der Haut oder der Schrei vom expliziten, leicht vergeßlichen Gedächtnis später nicht mehr »erwähnt«, nicht mehr zurückgeholt. Vielleicht vergessen Sie alles zusammen. Aber etwas ist erhalten geblieben: Wenn Sie später einen Hautgeruch ähnlich dem Ihres Freundes oder einen besonders schrillen langen Schrei einer Frau hören, spüren Sie etwas Besonderes. Sie erleben einen emotionalen Zustand, ohne zu wissen, warum. Sie fühlen Wohlgefühl oder erschreckte Erregung. Die Gründe dafür haben Sie vergessen, weil ein anderes Gedächtnissystem, das »explizite«, dafür zuständig war. Dieses »explizite Gedächtnis ist notorisch vergeßlich und ungenau«, erklärt LeDoux.[38] Das andere jedoch, das implizite, unbewußte, behält besonders gut. Damit ist es eine Quelle vieler Probleme für uns, denn wir können nicht kontrollierend damit umgehen, wir sind ihm einfach ausgeliefert.

Haben Sie noch nicht erlebt, daß Sie plötzlich von einer Minute zur anderen bedrückt sind? Wir erinnern uns nicht und wissen auch nicht, was gerade diese depressive Verstimmung auslöst, aber wir können uns einfach nicht zur Vernunft bringen, denn wo sollen wir ansetzen? Der Grund ist uns verlorengegangen. Vielleicht schon vor Jahren oder Jahrzehnten.

Beobachtungen dieser Art haben Joseph LeDoux zu der Feststellung gebracht, daß solches Lernen und Speichern, vor allem Furcht lernen, »besonders unverwüstlich ist und vielleicht sogar eine vollkommen unauslöschliche Form des Lernens darstellt«.

Unauslöschliches emotionales Erinnern kann lebensrettend sein, wie das Beispiel mit der blitzschnellen Reaktion auf ein längliches Etwas am Boden zeigt. Es könnte schließlich eine Schlange sein. In diesem Fall ist eine unbewußte Furchtkonditionierung sinnvoller als eine bewußte Abwägung. Denn es ist, wie gesagt, allemal besser, einen Ast für eine Schlange gehalten zu haben als eine Schlange für einen Ast. Und dieses Risiko gibt es nun mal, wenn wir abzuwägen beginnen. In dem im ersten Kapitel erwähnten Beispiel, wo ich allein auf den entsetzten Blick des mir entgegenkommenden Passanten hin mit einem Satz nach hinten reagiert hatte, war das emotionale, unbewußt irgendwann einmal gespeicherte und abgerufene Warnsignal »entsetztes Gesicht« rettend. Es war besser, heftig zurückgewichen zu sein und sich dabei vielleicht lächerlich gemacht zu haben, als den Versuch, die Situation zu »erkennen« und abzuschätzen, unter einem Erd- oder Steinbrocken zu beenden.

Unsere Wahrnehmung ist trügerisch

Unter anderen Umständen jedoch können sich unbewußte emotionale Erinnerungen dagegen äußerst negativ und mit unabsehbaren Folgen auswirken, beispielsweise dann, wenn sie unser soziales Verhalten bestimmen. Da sie plötzlich aktiv werden, ohne daß wir es »merken«, beeinflussen sie oft, wie wir über andere denken und in sozialen Situationen handeln. Denn: »Wann«, fragt der Kognitions-Psychologe Larry Jacoby, »ist zu erwarten, daß unbewußte Einflüsse ihre größte Wirkung haben?« und antwortet sich selber: »Wenn man sie am wenigsten erwartet.« Zum Beispiel bei der Einschätzung fremder ethnischer Gruppen.

Wir mögen uns selber vielleicht für offen und frei von Vorurteilen halten, und doch, das zeigen zahlreiche Beobachtungen, werden bei sozialen Interaktionen unweigerlich kulturelle Wert-, Glaubens- und Aberglaubenssysteme in uns aktiviert – und zwar automatisch. Wichtig für unser Verhalten ist dann, daß wir uns zumindest bewußt darüber werden, daß solche Systeme in uns wirken. »Ist man sich seiner Vorurteile bewußt und besitzt man Wertvorstellungen, die gegen Vorurteile sprechen, so kann man sie zügeln«, meint LeDoux.[39] Besonders gefährlich dagegen wird es, wenn wir unsere Meinung über Qualitäten oder Eigenschaften anderer Menschen mit Tatsachen verwechseln wie der Farbe ihrer Haare oder Augen.

Mit der Intuition, die wir anfangs am Beispiel des blitzschnellen Elternverhaltens schilderten, haben diese Verwechslungen von Wahrheit und Meinung nichts zu tun. Sie sind nichts als uralte, »anthropozentrische« Vorurteile, wie es der Biologe Stephen J. Gould ausdrückt. Er warnt gleichzeitig ganz entschieden vor dem, was wir als »gesunden Menschenverstand« bezeichnen.

Auch in banalen Lebenssituationen spielen uns solche automatisch reaktivierten unbewußten Erinnerungen immer wieder Streiche. Zum Beispiel, wenn Sie auf Ihren Freund wütend sind. Sie sind felsenfest davon überzeugt, dies habe er mit seinem »unmöglichen« Verhalten provoziert. Vielleicht jedoch hatten Sie einen schlechten Tag, denn Ihr Chef hat Ihnen etwas Demütigendes gesagt. Nun meinen Sie, Ihr Freund habe Sie in Gesellschaft lächerlich gemacht, obwohl er selber keine Ahnung davon hatte. Vielleicht sind durch die Situation jedoch auch viel ältere, emotionale Erinnerungen hochgekommen. Hatte Ihr Vater Sie nicht einmal vor Ihren Spielgefährten verspottet?

Ich möchte Ihnen eine makabere Anekdote nicht vorenthalten, die Bernard Werber, Autor des Bestsellers »Die Ameisen«, erzählt: Ein Mann wurde versehentlich in einem Kühlwagen eingeschlossen. Er wußte, daß er keine Chance hatte, sich über mehrere Stunden warm zu halten. Als man ihn am nächsten Morgen fand, war er bereits tot, gestorben mit allen Anzeichen von Erfrierung. Das Merkwürdige: Die Kühlung war, wie sich herausstellte, überhaupt nicht eingeschaltet und das Wageninnere keineswegs eiskalt. Der Mann war an seinen von der Einbildung aktivierten Gefühlen gestorben. Seine biologischen Systeme haben ihnen Glauben geschenkt.

Lernen durch emotionale Erinnerungen

Das hungrige Baby, bleiben wir ruhig noch einmal bei diesem Beispiel, erinnert sich später nicht an die Situation. Erhalten bleiben in seinem Gedächtnis jedoch bei häufiger Wiederholung seine Gefühle, die freudige Erwartung oder das empfundene Vertrauen, das Gefühl, daß innere Spannung nachläßt. Wichtige emotionale Erinnerungen, noch von keinem Bewußtsein ver- oder bearbeitet und abgewandelt. Sie werden in vielen Lebenssituationen wieder aktiviert. Das Kind kann sich in solchen wiederholten Situationen, in denen es sich geborgen und frei von ängstlicher Erregung fühlt, offen und neugierig neuen Menschen, Dingen und Herausforderungen zuwenden, es wird erkunden und – vielleicht sein ganzes Leben lang – bereit sein, begierig immer mehr zu lernen. Im umgekehrten Fall kann es das nicht.

Lassen Sie mich das einmal an einem emotionalen Erlebnis meinerseits schildern, das Ihnen ohne jede vorherige Erklärung wahrscheinlich sofort intuitiv klarmacht, worum es hier geht. Sie werden »nachempfinden« können, was geschieht:

Während ich eines Mittags durch eine Stadt spazierte, fiel mir auf einem Platz eine sehr junge Mutter auf. Sie saß auf einem Brunnenrand und rauchte eine Zigarette. Als ich nah herangekommen war, sah ich, daß ihr etwa drei Monate altes Baby in dem ihr abgewandten Kinderwagen lag. Es nuckelte interesselos an einem aufrecht vom Kissen gehaltenen Fläschchen, das in seinem Mund steckte. Die Mutter versuchte nicht, ihr Kind beim Trinken zu sehen.

Ich weiß nicht, was mich mehr schockierte – die Tatsache, daß sie ihr Kind beim Füttern nicht im Arm hielt oder daß sie ihm keinen Blickkontakt ermöglichte.

Das Baby wirkte zu klein, es war blass und apathisch, ein Bild resignierten Alleinseins. Sein durchsichtiges Gesichtchen erinnerte mich an Pflanzen ohne Licht. Ihm fehlte das Licht des mütterlichen Blicks. Ich hatte schon viele sehr zarte, zerbrechliche Babys gesehen, meist Frühgeborene, manche kaum größer als eine Männerhand. Aber sogar diese Frühchen waren mir in ihrem zähen Überlebenskampf, bei dem ich sie oft beobachtet hatte, vital im Vergleich zu diesem Kind erschienen. Es mußte sein Fläschchen wohl nicht zum ersten Mal in blickloser, kommunikationsloser Verlassenheit trinken. Vergeblich versuchte ich, die junge Frau für ihr Kind zu begeistern. Im Gegensatz zu den meisten Müttern wollte sie sich nicht von ihrem Baby bezaubern lassen. In ihrer eigenen Interesselosigkeit ähnelte sie irgendwie ihrem Kind. Sie konnte dem Kind nicht vermitteln, was sie selber so sehr vermißte. Das Baby erinnerte mich in seiner Verlassenheit an die Kinder im Waisenhaus in Sierra Leone. Wahrscheinlich würde es zwar nicht wie jene körperlich zugrunde gehen, aber wie würde es sich emotional und geistig entwickeln? Es wirkte bereits damals in seinen Reaktionen nicht seinem Alter angemessen.

Normalerweise »antworten« Babys auch schon mit wenigen Tagen oder Wochen auf ein ihnen freundlich zugewandtes Gesicht – ganz besonders auf das der Mutter oder des Vaters. In dem, was sich dabei an mimischer, lautlicher und Blickkommunikation abspielt, sind die Kleinen nicht etwa passiv. Man tut ihnen Unrecht, wenn man meint, sie reagierten nur. Sie selber können durchaus die Initiative übernehmen, sie fordern ihr Gegenüber, wenn es ihnen vertraut genug ist, zum Spielen auf. Dazu müssen sie allerdings bereits schon einige Male erlebt haben, daß ihre anfangs nur intuitiv und am besten von der Mutter erfaßten Signale und Appelle immer wieder eine Antwort finden. Das Gegenteil können wir bei manchen Frühgeborenen beobachten, die zu oft erfahren, daß ihre Schmerz-, Not- und Einsamkeitssignale nicht beachtet werden, und die nicht einmal schreien können, weil sie einen Beatmungs-Tubus im Rachen haben. Sie stellen nach und nach ihre Signale ein. Da es jedoch meist genügend Menschen gibt, die an ihrem Schicksal Anteil nehmen (Eltern, Pflegepersonal und Ärzte), dauert dieser Zustand meist nicht so lange, und man versucht heute alles, um dem entgegenzuwirken.

Wir alle wissen, daß verlassene Kinder, wie die bereits erwähnten »wilden Kinder« und Mädchen und Jungen, die schon früh zwischen Heimen und Pflegefamilien herumgereicht werden, in ihrer Entwicklung gestört werden. Meistens denken wir daran, daß mit ihren Gefühlen später etwas nicht stimmt. Daß sie gefühlskalt, beziehungsarm und aggressiv sind.

Verstand wird im Gefühl verstümmelt

Selten denken wir daran, daß ihr Verstand genauso behindert und verstümmelt wird wie ihre Gefühle. Besonders die unmittelbar dafür Verantwortlichen denken nicht darüber nach. Sie stecken selber oft schon seit ihrer eigenen Kindheit zu sehr in der Tinte und kommen nicht mit zu schwierigen seelischen, körperlichen oder sozialen Situationen zurecht, als daß sie sich damit befaßten, was – auch noch unsichtbar! – in den Köpfen ihrer Kinder passiert.

Und wir? Können wir uns wirklich vorstellen, daß in solchen Situationen wichtige Hirnfunktionen gestört werden? Und zwar so nachhaltig, daß sie später nur mühsam oder gar nicht zu reparieren sind? Unbewußte emotionale Erinnerungen, ganz besonders die frühen, haben es an sich, daß sie hartnäckig fort und fort existieren. Um das zu verhindern, muß schon bald eine Fülle entgegengesetzter Erfahrungen zu Hilfe kommen. Sie könnten noch positive emotionale Erinnerungen aufbauen, auf die so ein Kind später zurückgreifen kann.

Wir haben im Verlauf dieser Darstellungen – und eigentlich schon an Damasios Patienten Elliot – gesehen, welche verheerenden Auswirkungen Mängel, Negativprä-

162

gung oder Läsionen des emotionalen Gedächtnisses auf das Gesamtverhalten haben. Die bei Elliot ursprünglich vorhandene hervorragende Intelligenz und der in solchen vernachlässigten Kindern normal angelegte Verstand können nicht eingesetzt, nicht sinnvoll benutzt werden, wenn es im Gehirn nicht die dazu notwendige »Zusammenarbeit« gibt.

Könnten wir in die Köpfe schauen und den mikroskopisch kleinen feinen Aktivitäten zuschauen, die da ständig ablaufen, würden wir vielleicht eine realere Vorstellung davon bekommen. Bei den vielen Beobachtungen an mutterlos aufgezogenen Äffchen, dokumentiert vor allem in den berühmten und erschütternden Filmen von Harlow, zeigten sich im Gehirn ganz spezifische Schäden:

• Die einzelnen Hirnbereiche waren zwar alle vorhanden, jedoch konnten sie nicht »normal« miteinander kommunizieren. Es gab keine richtigen Funktionsverschaltungen zwischen den einzelnen Gehirnzentren.
• Die neurochemischen Funktionen waren gestört, z. B. durch unterdurchschnittliche Serotoninwerte. Eine zu geringe Verfügbarkeit dieses Botenstoffs zwischen den Synapsen ist mit Depression und aggressivem Verhalten verbunden. Durch den Mangel noch anderer Botenstoffe reagierten die Synapsen übersensibel, übererregt. (Diesen Zusammenhang entdeckten Forscher zum Beispiel bei der Entwicklung moderner Antidepressiva.) Das bedeutet, daß die Nervenzellen dann übertrieben auf sozialen (und anderen) Streß reagieren.

Insgesamt wirkten bei den Äffchen die einzelnen neuroendokrinen Systeme, das heißt alle, die Neurotransmitter oder Hormone ausschütten, nicht zusammen.[40]

Konkret bewirkte all das, daß die Jungtiere sich angesichts neuer, unbekannter Streßsituationen – einem ungewohnten Spielzeug z. B. – nicht sinnvoll verhalten konnten. Die normale Organisation der vielfältigen Hirnfunktionen, die anderen, bei den Müttern aufgezogenen Äffchen erlaubte, vorsichtig-neugierig zu reagieren, klappte überhaupt nicht. Sie schien überhaupt nicht mehr vorhanden.

Harlow zeigt in seinen Filmen, wie sich ein Äffchen verhält, wenn ein neues Spielzeug im Käfig auftaucht. Natürlich sind Affen in Gefangenschaft prinzipiell in ihrem Verhalten gestört. Jedoch bewirkt die Gegenwart der Mütter bei den Jungen ein relativ normales Reagieren. Die Szenen, egal in welcher Variante, mit starren oder sich bewegenden Gegenständen, laufen immer ähnlich ab. Bei Auftauchen des fremden Objektes hält das Jungtier wie erstarrt inne. Dann springt es zu seiner Mutter, schmiegt sich an oder hinter sie und lugt dann vorsichtig zu dem ungewohnten Ding hinüber. Seine Neugier treibt es in mehreren zögernden und immer wieder unterbrochenen Versuchen nach und nach näher an die Sache heran. Jeder Versuch wird dadurch abgeschlossen, daß sich das Äffchen an seine Mutter klammert, sein Gesicht ganz nah an ihrem. Dann sieht es wieder hinüber und wagt sich erneut vor und schließlich ganz zum Ziel seiner Neugier. Wieder zurück zur Mutter. Sie ist, wie die Forscher es nennen, die »sichere Basis«. Schließlich wagt es, mit dem Ding zu spielen, es genau von allen Seiten zu untersuchen, nicht ohne zwischendurch häufig zur Mutter zu schauen oder auch mal wieder bei ihr aufzutanken – das heißt, die innere Erregung, den Streß abzubauen.

Harlow ersetzte nun die echten Affenmütter durch weichgepolsterte Stoff-»Mütter«, symbolisiert durch einen länglichen Körper und einen Kopf mit den wesentlichen Merkmalen eines Gesichts. Alles lief fast genauso ab wie vorher. Die Äffchen gingen in gleicher Weise vor und suchten auch diesmal immer wieder die sichere Basis auf und schmiegten ihr Gesicht an das der Stoffattrappe, wobei sie den leblosen Körper fest umarmten.

Ganz anders das Verhalten bei Äffchen, denen nur ein Drahtgestell als Ersatzmutter in den Käfig gegeben wurde, oder die ganz allein mit dem unbekannten Gegenstand konfrontiert wurden. Sie blieben reglos und verschüchtert, ja mit Anzeichen von Panik, in einer Ecke hocken. Sie konnten das neue Ding weder von nahem beäugen, noch es anfassen oder gar mit ihm spielen.

Nebenbei: Dies sind Szenen, die den Betrachter emotional zutiefst erschüttern. So deutlich erkennen wir sonst kaum, welche verheerenden Folgen der Verlust der »sicheren Bindungsbasis« hat. Dabei berühren uns die Szenen mit der Stoffattrappe fast noch mehr als die mit dem Drahtgestell: Mit welch erbärmlichem Ersatz begnügt sich das Äffchen in dieser Situation, um sich innere Beruhigung und Ermutigung zu verschaffen.

Wie wir dem Geist
in die Kinderschuhe verhelfen

Die meisten Eltern möchten nicht nur, daß ihre Kinder später glücklich, sondern auch klug und im sozialen Leben erfolgreich werden. Auch dabei folgen sie weitgehend und meist mehr, als sie denken, kulturell-traditionellen »Glaubenssystemen«. Das führt gelegentlich zu so komischen Auswüchsen, daß eine Mutter den lieben langen Tag mit nichts so sehr beschäftigt zu sein scheint, als ihrem Jüngsten beizubringen, »Danke« zu sagen.

Manche Väter und Mütter scheinen ihre Kinder wie

kleine Pudel abrichten zu wollen. Das aber ist nicht das wirklich Erstaunliche dabei. Es muß ja gar nicht so karikiert ablaufen, erstaunlich ist eher, daß sie das, was sie Erziehung nennen, meist verbale Verhaltensmaßregeln – »Laß das sein! Sitz grade! Halt den Mund! Sei freundlich! Bitte, sagt man! Hab ich dir nicht oft genug gesagt ...! Ab ins Bett! Geh und mach deine Hausaufgaben!« – für das eigentlich Ausschlaggebende in der Entwicklung ihres Kleinkindes halten.

Dahinter steht, daß man zwar seit Jahrhunderten weiß, wie wichtig die frühe Kindheit für den Lebensweg eines Menschen ist. Jedoch maß man dabei je nach kulturgeschichtlichem Rahmen und der jeweiligen sozialen Schicht die größte Bedeutung mal der körperlichen Fürsorge, mal der »Erziehung« oder gar Dressur zu. Das Kind selber wurde meist nicht respektiert, sein Kindsein nur als änderungsbedürftige, chaotische (und vielleicht störende!) Vorstufe zum Erwachsenwerden angesehen. Solche Vorstellungen halten sich – meist unbewußt – hartnäckig wie alle traditions- und kulturabhängigen Verhaltensweisen und Überzeugungen.

Sind wir *so* wirklich geworden, was wir sind?

Die kleinen Äffchen von Harlow verhalten sich menschlichen Babys und Kleinkindern ganz ähnlich, wenn sie mit fremden neuen Situationen, Gegenständen oder Personen konfrontiert werden. Sie wagen sich nur dann näher an das Ziel ihrer Neugier heran, wenn sie jederzeit schnell zur Mutter, zu ihrer »sicheren Basis«, zurückkehren können. Beobachten Sie einmal Ihren 18 Monate alten Neffen, wenn Sie ihm ein wunderschönes großes Spielzeugauto mitbringen und ihn dann einfach machen lassen, ohne selber zu intervenieren. Schaut oder kommt er nicht zwischendurch zu Ihnen oder seiner Mutter herüber?

In den Köpfen von Kleinkindern sind grundsätzlich

166

vergleichbare Systeme am Werk wie bei den kleinen Primaten.

Forscher, die sich mit der seelisch-sozialen und geistigen Entwicklung von Kindern beschäftigten und auch diese Äffchen zur Beobachtung herangezogen haben, sind zu dem Schluß gekommen, daß es in der Entwicklung eines Babys und Kleinkinds offenbar noch etwas anderes, viel Wichtigeres gibt als »Erziehung«, ja daß diese unter Umständen – vor allem in der frühen Lebenszeit – eher hinderlich sein könnte. Der Verhaltensforscher Desmond Morris geht so weit zu warnen: Ein Baby erziehen heißt es ver-ziehen. Womit er meint, daß wir es verbilden, in seiner Entwicklung stören.

Wenn sie alle möglichen einwirkenden Einflüsse zusammennahmen, kamen die Wissenschaftler bei den Äffchen zu dem Schluß, daß Affen, die ohne Mutterbindung aufwachsen, sich ebensowenig an »neurobiologische Systemregeln« wie an soziale Verhaltensregeln halten.

Das, was sich nach weiteren Beobachtungen als am bedeutendsten für die Entwicklung von Äffchen und Kindern erwies, war etwas anderes als Erziehung, etwas, das auch noch über den bereits beschriebenen Haut- und Körperkontakt mit der Mutter hinausging: Es war die frühe Bindung.

Diese erste Beziehung eines Kindes mit seiner Mutter (bzw. seiner engsten Bezugsperson) hatte offenbar eine entscheidende Wirkung auf die Hirnentwicklung, auf das Zusammenspiel der verschiedenen Systeme. Damit war sie entscheidend für die Gesamtentwicklung überhaupt – auch und ganz besonders für die geistige. Was ist das Erkunden einer neuen Situation oder eines neuen Spielzeugs anderes als eine Basis für die Entfaltung des Geistes? Bei Babys, Kleinkindern und Äffchen wird dies nur möglich in der Geborgenheit einer vertrauensvollen, familiären Bindung.

Nachdem man dies erkannt hatte, entstand, auf der Suche nach der genaueren Bedeutung und Entstehung dieser ersten Beziehung, eine ganz neue Forschungsrichtung: die »Attachment-Forschung« (»attachment« – englisch »Bindung«). Sie ist geprägt von den Arbeiten der Entwicklungspsychologen John Bowlby in England und Mary Ainsworth in Amerika. Heute widmen sich ihr mehrere internationale Forschungsteams, in Deutschland neben anderen insbesondere Klaus und Karin Grossmann von der Universität Regensburg.

Letztere zeigten, daß ein Baby, wenn es auf die Welt kommt, die Fähigkeit mitbringt, eine Bindung einzugehen und sie sogar herauszufordern. Und ganz gleich, wie sein familiäres oder menschliches Umfeld beschaffen ist, es bindet sich unweigerlich an seine »Bezugsperson«, das heißt den Menschen, der am meisten mit ihm umgeht und es versorgt. Meist ist das die Mutter. Darüber hinaus bindet sich das Baby möglicherweise noch an eine oder zwei andere Personen.

Dabei tritt etwas zutage, das uns verwundert, wenn nicht sogar schockiert. Das Baby bindet sich nämlich an die ihm nächste Person, ganz gleich, ob diese »gut« oder eher »schlecht« ist, also unabhängig von ihrer fürsorglichen Qualität. Vielleicht gar nicht so überraschend, wenn wir uns bewußt machen, daß es ja eigentlich nicht anders sein kann. Denn der kleine Mensch braucht vom ersten Moment an jemanden, der ganz für ihn da ist, sonst ginge er zugrunde. Er kann also nicht darauf warten, ob man gut oder schlecht mit ihm umgeht. Er nimmt, was er bekommt.

Es wird deutlich, daß es sich bei diesem merkwürdigen Phänomen nicht um eine kulturelle Erscheinung handelt.

Auch Tiere binden sich. Manchmal sogar auf ganz ungewöhnliche Weise, wie Konrad Lorenz mit seiner kleinen
Graugans bewies. Nach ihrem Schlüpfen hatte sie als erstes seinen Stiefel gesehen – und folgte ihm von da an, als
wäre er seine Gänsemama. Man kann wirklich nicht behaupten, daß hier die Qualität des »Bindungspartners«
eine Rolle gespielt hätte. Es scheint ein ähnliches Muster
der Bindung für viele Arten zu geben.

Bindung, begleitet von einem Gefühl für einen Menschen, ist also ein biologisch verwurzeltes Verhalten. Und
ebenfalls biologisch verwurzelt sind die ersten Bindungs-
signale des Kindes: Anklammern, Weinen, Rufen, Nachfolgen und Protestieren, wenn es verlassen wird. In allen
Kulturen dieser Erde zeigen kleine Kinder dieses »Bindungsverhalten« mit ebendiesen Merkmalen.

Ein biologisches Grundprogramm, das wir mit den
Tieren teilen, reicht allerdings beim kleinen Menschen –
und sogar schon bei den höheren Säugetieren – nicht aus,
es sei denn fürs allererste Überleben.

Um das zu verstehen, führen wir uns noch einmal vor
Augen, daß in der frühen Entwicklung alles, aber auch
alles, was genetisch angelegt ist, ein ganz bestimmtes Umfeld braucht, um sich entfalten zu können. Das Auge
braucht Licht zum Sehen. Luft ist notwendig, damit die
Lungen ihre vorher angelegten Atemfunktionen aufnehmen können. Ohne die Möglichkeit, zu greifen und zu
strampeln, kann das Baby seine Bewegungen nicht entwickeln. Ohne Gefühlsantworten von der Mutter wird es
keine oder nur verkrüppelte Gefühle entfalten.

So ist es auch mit der Bindung. Das Baby bindet sich
zwar an die »gute« oder »schlechte« Bezugsperson. Damit sich diese Bindung jedoch in all ihren von der Natur
vorgesehenen Möglichkeiten entfalten kann, braucht sie
eine bestimmte *Qualität*. Denn das Kind soll ja die für

Menschen spezifischen sozialen Fähigkeiten entwickeln. Dazu gehören Gefühl, Sprache, Verstand und ethische Grundwerte.

Diese notwendige Qualität besteht vor allem in der *Verläßlichkeit* und *Feinfühligkeit* der Mutter (Bezugsperson). Diese beiden Eigenschaften spielen für das Baby tatsächlich eine entscheidende Rolle. Nicht nur, wie man annehmen könnte, für seine Gefühlsentwicklung, sondern auch für seine Fähigkeit, die Welt zu erkunden, offen und vertrauensvoll zu sein und damit später selbständig und unabhängig zu werden. All dies – offen sein, Vertrauen in andere und sich selber haben, die Welt neugierig erkunden wollen – sind unabdingbare Voraussetzungen für die Entwicklung des Verstandes, auch für die Fähigkeit, später in einer Gruppe zu lernen und, noch später, selbständig Entscheidungen treffen zu können. Diese Voraussetzungen wachsen aber nur auf dem Boden einer emotional sicheren Bindung am Lebensanfang, wie weltweit seit einigen Jahrzehnten in Längsschnittuntersuchungen (wobei man immer wieder die gleichen Kinder beobachtete) nachgewiesen wurde.

Praktisch bedeutet dies nicht etwa, daß Eltern sich weniger um die Bildung und Ausbildung ihrer Kinder kümmern sollten. Sie hätten allerdings in allen ihren späteren oft aufopferungsvollen Bemühungen mehr Erfolg, wenn sie sich am Lebensbeginn als wirkliche Bindungspersonen einbringen würden. Das Wunderbare dabei: Alle haben dabei die gleichen Chancen! Denn Eltern brauchen weder besondere Fähigkeiten noch irgendeine Ausbildung oder Belehrung, um dies zu können. Wenn sie selbst seelisch und körperlich einigermaßen gesund sind, dann bringen sie alle intuitiven Kompetenzen mit, um ihren Kindern genau die Qualitäten einer Bindung zu bieten, die anfangs notwendig ist.

Das innere Arbeitsmodell

John Bowlby prägte für das, was durch die Qualität der frühen Bindung beim Kind entsteht, den Begriff »inneres Arbeitsmodell« (»inner working model«). Was das bedeuten kann, wird uns vielleicht schon verständlich, wenn wir es einmal, wie Karin Grossmann es vorschlägt, das »Erwartungsmodell« oder »Erwartungskonzept« nennen, das ein Kind in seiner Beziehung entwickelt.

Warum Erwartung?

Versetzen wir uns einmal kurz in eine andere Welt, in der Menschen noch in einem nahezu urmenschlichen Zustand, fast unberührt von westlichen Zivilisationen leben. Karin und Klaus Grossmann reisten mit einem Team von Anthropologen in diese andere Welt, nämlich in ein kleines Dorf auf den Trobriandinseln nordöstlich von Papua-Neuguinea. Ihr Ziel war, in dieser von Störungen unberührten, »natürlichen« Gesellschaft dreierlei herauszufinden: Wie Bindung entsteht, welche Bedingungen sie braucht, um sich optimal entfalten zu können, und wie sich ihre Qualität für die weitere Entwicklung des Kindes auswirkt.

Sie konnten beobachten, daß sich in dieser dörflichen Gemeinschaft nahezu alle Erwachsenen für die Kleinsten verantwortlich fühlen. So finden diese immer jemanden, der sie tröstet, wenn sie weinen, sie auf den Arm nimmt, sie streichelt, mit ihnen scherzt. Ältere Geschwister, aber auch andere Erwachsene, die gerade in der Nähe sind, übernehmen das mit der gleichen Selbstverständlichkeit wie die Mütter, die fast Tag und Nacht mit ihren Babys verbringen. Sie gehen dabei ihrer Arbeit nach. Nahrung und, genauso wichtig, Zärtlichkeit an ihrer Brust bekommen die Kleinen, so oft sie wollen. Die Babys übernehmen bei fast allen Interaktionen selber die Initiative. Und sie werden dabei kaum jemals entmutigt.

Man braucht nicht Psychologe zu sein, um sofort zu verstehen, daß sich bei diesen Kindern von Anfang an ein Gefühl sicherer Geborgenheit entwickelt. Wir würden allerdings – gemäß den Vorurteilen unserer Kultur und unserer Erziehungsvorstellungen – erwarten, daß diese Kleinen nun völlig »verzogen« und unselbständig würden, daß sie ständig an der Mutter klammerten und schlimmer noch, daß sie sich später als herrschsüchtige kleine Tyrannen entpuppen müßten. Weit gefehlt. Die Wissenschaftler konstatierten das genaue Gegenteil. Die Babys wurden nicht nur zu freundlichen und hilfsbereiten Kleinkindern. Sie waren auch besonders früh schon autonom.

Diese Kinder, die nicht wie bei uns wegen angeblich drohender Gefahren von allem ferngehalten werden, sondern im Gegenteil ihre Neugier und ihren Forscherdrang ungehindert ausleben können, lösen sich sogar leichter als unsere aus der elterlichen Bindung. Diese Lockerung gelinge leichter, resümiert die Verhaltensforscherin Margret Schleidt in einem Bericht über die Mutter-Kind-Beziehung bei den Trobriandern, gerade wenn die Bindung anfangs sehr eng sei und als sehr sicher empfunden werde: »Das sieht man im individuellen Fall, also bei einzelnen Kindern, wie auch im Vergleich zwischen Kulturen.«[41] Im Grunde machen wir in unserer Kultur vieles eher umgekehrt: Wir sind häufig zu streng mit Babys und Kleinkindern, verlangen schon zu viel Autonomie von ihnen und sind paradoxerweise gleichzeitig überängstlich, dagegen zeigen wir uns zu nachgiebig bei den größeren. Beides hat negative Auswirkungen.

Die Kinder der Trobriander entwickeln schon in den ersten Lebenswochen und Monaten so viel Vertrauen in Menschen, sie haben so positive Erwartungen, daß sie darum auch viel mehr Mut als Kinder bei uns haben, Dinge zu erkunden und selber zu machen. Ihre geistige Entwicklung und Lernbegierde wird also nicht ständig, wie bei uns, durch Verhaltensmaßregeln und Verbote einerseits und der Forderung, sich lange Zeiten am Tage ohne zärtlichen Trost und Ermunterung allein zu beschäftigen, eingeschränkt.

Die Initiative der Kleinen wird bei dieser Dorfbevölkerung sogar ständig durch die Erwachsenen verstärkt, indem sie ihren Sprößlingen viel mehr zutrauen und sie viel mehr allein machen lassen, als wir es mit unseren Babys und Kleinkindern tun. Es ist auch gar nicht notwendig, sie von allem möglichen fernzuhalten, denn immer sind erfahrene ältere Geschwister oder Erwachsene in der Nähe, die notfalls eingreifen könnten. Auch wenn dies geschieht, werden die Kleinen nicht gescholten. Man entzieht nur den gefährlichen Gegenstand ihrer Aufmerksamkeit. Da die Kinder ständig Gelegenheit haben, die Erwachsenen bei ihrem Tun zu beobachten und alles gleich selber spielerisch auszuprobieren, lernen sie viel früher, mit Gegenständen wie einem Messer oder auch mit Feuer umzugehen. Sie erfahren dabei weitaus eher als unsere Kinder, was sie sich selber zutrauen können.

Vorhersehbarkeit ist wichtig

In all den gemeinsamen Tagesaktivitäten von Eltern und Kindern kristallisierte sich für die Forscher eines als besonders wichtig für die Qualität der Bindung heraus: Die *Vorhersehbarkeit* des elterlichen Verhaltens. Ein Kind versucht schon, wenn es gerade geboren ist, möglichst schnell herauszubekommen, woran es mit seiner Mama ist. Wie reagiert sie, wenn es schreit? Kommt sie, um es zu trösten oder mit ihm zu spielen? Kann es auf sie zählen, wenn es sich weh getan hat? Nimmt Mama es in den Arm, wenn das Kind bei einer kurzen Trennung Angst gehabt hat?

Für das Kind schafft die Vorhersehbarkeit solcher Verhaltensweisen und Reaktionen der Mutter eine sichere Struktur in seiner inneren und äußeren Welt. Es bekommt dadurch Halt. Es fühlt sich sicher. Später wird es wahrscheinlich ebenso positive Erwartungen in andere Kinder und Erwachsene haben. Es wird schon viel davon gelernt haben, wie man mit ihnen – friedlich – umgehen kann.

Aber alles kann auch anders sein. Die Mutter eilt vielleicht nicht herbei, wenn es weint oder ruft. Sie tröstet es nicht, wenn es sich weh tut oder traurig ist. Sie nimmt es nach einer Trennung nicht in den Arm. Schlimmer noch, sie weist es vielleicht sogar barsch zurück. Oder, auch nicht besser: Sie verhält sich mal so und mal so. Heute tröstend, morgen abweisend.

Dann greift das Kind, wenn es Halt sucht, ins Leere. Es lernt nicht, das Verhalten anderer Menschen einzuschätzen. Nichts ist sicher. Lernt es so für später, kooperativ und friedlich mit anderen umzugehen und seine Sache mit Argumenten zu vertreten? Bestimmt nicht. Denn schon das Kleinkind traut sich in solchen Beziehungen keine eigene Initiative mehr zu. Es stellt seine Gefühlsäußerungen und damit auch seine Bemühungen, sich differenzierter auszudrücken, ebenso ein wie die Versuche, die Welt zu erkunden, Dinge und Menschen genauer kennenzulernen, besser zu begreifen. Wer weiß, was ihm dabei Schlimmes passiert? Kinder mit solchen Eltern können sich nicht sicher fühlen. Ihnen fehlt, was wir bei den Äffchen »die sichere Basis« genannt haben. Tatsächlich zeigten Harlows Affenkinderbeobachtungen im Kern das Modell dieser Zusammenhänge.

Drei Qualitäten spielen also eine hervorragende Rolle für die besondere Art der Bindung eines Kindes an seine

Bezugsperson: Feinfühligkeit, Vorhersehbarkeit und Verläßlichkeit.

All das zeigt, daß wir trotz aller Unterschiede eines mit den Bewohnern dieser fernen Inseln gemeinsam haben: Es ist unser biologisch angelegtes Grund- oder »Basisprogramm« für die Bindung des Kleinkinds an seine Mutter. Jedoch zeigt sich in unserer Welt deutlich, daß ein bestimmter Rahmen dieses Programms nicht gesprengt werden darf. Unsere Bindungsfähigkeit läßt sich (bis ins Erwachsenenalter) nicht beliebig strapazieren. Sonst werden wesentliche Entwicklungsvorgänge bis weit in die Kindheit hinein gestört oder ganz verhindert (die Sprachentwicklung und mit ihr die geistige Entwicklung ist besonders anfällig dafür). Ein Baby braucht ein Mindestmaß an zärtlicher Nähe und Aufmerksamkeit und eine Mutter ein soziales Minimalumfeld, damit sie diese Bedürfnisse und ihre eigenen, dazugehörigen befriedigen kann.

Sicherheit geben
heißt nicht verwöhnen

Ein gutes Beispiel dafür, wie man Sicherheit gibt, ohne zu verwöhnen, ist das Erkundungsverhalten, von dem hier so oft die Rede ist, also die Lust und Bereitschaft des Kindes, sich von der Mutter weg- und Menschen, Gegenständen sowie neuen Situationen neugierig zuzuwenden und sie zu erforschen.

Die Grossmanns zeigten anhand ihrer Beobachtungen sehr überzeugend, daß Bindungs- und Erkundungsverhalten in unauflöslichem Zusammenhang stehen: Geht es einem Kind schlecht, ist es allein, hungrig, müde, krank, geängstigt, so entfaltet es die bereits beschriebenen Bindungsverhaltensweisen – Weinen, Rufen, Anklammern, Nachfolgen. In einer solchen desolaten emotionalen Situation hat es keinerlei Interesse, irgend etwas zu erkunden. Geht es ihm dagegen gut, sind seine Bindungsbedürfnisse z. B. durch die Nähe einer jederzeit erreichbaren, körperlich spürbaren Mutter (Bezugsperson) oder eines älteren Geschwisterkinds voll befriedigt, dann ist es in einer so positiven emotionalen Situation, daß es erkunden, seine Umwelt erforschen will und neugierig auf alles ist.

Die beiden Verhaltensweisen funktionieren wie eine Wippe: Ist die eine Seite ganz unten – wenn es dem Kind schlecht geht, dann geht die andere Seite nach oben – es fordert weinend die Nähe und Zärtlichkeit der Mutter. Resultat: Das Kind ist so stark von seinen Bindungsbemühungen und seinen negativen Gefühlen in Anspruch genommen, daß es nicht »erkunden« kann. Umgekehrt funktioniert es genauso. Dann nämlich ist die Befindlichkeitsseite der Wippe ganz oben: Dem Kind geht es gut. Ganz unten ist diesmal die Seite mit dem Bindungsbemühen. Es kann eingestellt werden, das Kind fühlt sich ja sicher geborgen. Nun ist Freiraum und Freiheit fürs Erkunden da.

Aus diesen Beobachtungen ergeben sich für uns zweierlei Lehren: Erstens, optimale Bindungsbedingungen haben nichts mit Verwöhnen zu tun. Und zweitens, je stärker und früher wir Kinder in die Unabhängigkeit und emotionale Einsamkeit drängen, desto unsicherer sind sie und desto länger bleiben sie unselbständig. Je zuverlässiger dagegen ihre frühen emotionalen Bindungsbedürfnisse erfüllt werden, desto schneller werden sie autonom. Das heißt für uns: desto besser und ungehinderter kann sich ihr Verstand entfalten.

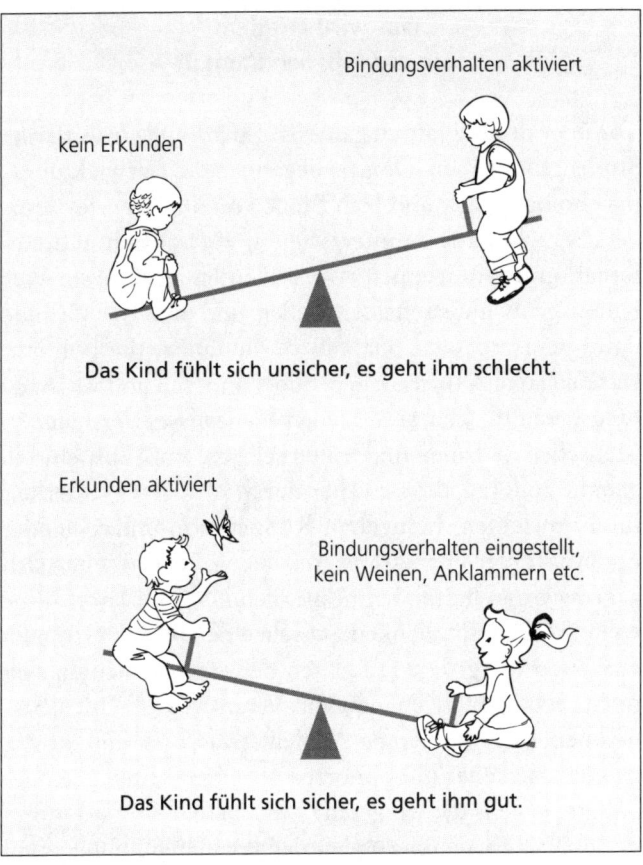

Bindungsverhalten aktiviert

kein Erkunden

Das Kind fühlt sich unsicher, es geht ihm schlecht.

Erkunden aktiviert

Bindungsverhalten eingestellt, kein Weinen, Anklammern etc.

Das Kind fühlt sich sicher, es geht ihm gut.

Die Psychologin Karin Grossmann (Uni Regensburg) erklärt am Modell einer Wippe das umgekehrte Verhältnis zwischen zwei Verhaltensweisen eines Babys und Kleinkinds: Bindungsverhalten und Erkunden. Wenn ein Kind mit den typischen Signalen Weinen, Anklammern, Nachfolgen Bindung (Trost) sucht, kann es nicht gleichzeitig erkunden. Sind dagegen seine Bindungsbedürfnisse (sein Liebesbedürfnis) befriedigt, kann es frei die Welt erkunden – das heißt auch lernen.

Was wird aus dem
früh erworbenen Kapital?

Vor über dreißig Jahren gab es in Europa wie in Amerika
Studentenunruhen. Damals begannen die Entwicklungspsychologen Jack und Jean Block von der Berkeley University sich dafür zu interessieren, warum sich in dieser
Situation zwei Gruppen von Studenten nach ihrem Verhalten grob unterscheiden ließen und was die Gründe
dafür sein mochten. Da gab es die einen, die politisch
stark engagiert, tolerant gegenüber anderen und verhand-
lungsbereit blieben, sie schienen ein gewisses Vertrauen in
Menschen zu haben und traten selbstbewußt auf. Und es
gab die anderen, die sich eher durch Intoleranz, Starrheit
ihrer Ansichten, Mangel an Kooperation untereinander
und Mißtrauen charakterisieren ließen. Sie verhielten sich
aggressiv und hatten kein Zutrauen in die Zukunft. Eine
weitere Gegensätzlichkeit zwischen den beiden Gruppen
war augenfällig: Die Studenten der ersten scheuten sich
nicht, echte, auch unbequeme Verantwortung zu übernehmen, sie riskierten persönlich etwas, während die der
zweiten sich eher mit opportunistischem Mitmachen be-
gnügte, jeweils da, wo gerade »was lief«.[42]
   Bei Nachforschungen über den familiären Hintergrund
der beiden auffälligen Gruppen zeigten sich wiederum interessante Unterschiede. Die Studenten der ersten Gruppe stammten aus Familien, in denen eben die Verhaltensweisen, die die Jugendlichen auszeichneten, von der ganzen Familie geübt wurden: Toleranz und Kooperation. Die
Eltern hatten Autorität, ohne autoritär zu sein. In den Familien der anderen Gruppe, wir ahnen es schon, waren die
Eltern eher streng-autoritär, intolerant und ängstlich. Es
gab keine Kooperation in diesen Familien, dafür Befehle
von der einen und Unterordnen von der anderen Seite.

Forschung mit Weitblick

Inzwischen hatte sich eine andere Richtung der Entwicklungspsychologie, vertreten von der Amerikanerin Mary Ainsworth, im Gefolge von Bowlbys aufsehenerregender »Attachment-Forschung« der frühen Kindheit zugewendet. Dem Verfahren der Blocks entgegengesetzt wollten sie – nicht in der Vergangenheit forschend, sondern die Gegenwart untersuchend – nach wichtigen familiären Verhaltensstilen suchen, die für die Zukunft eines Kindes ausschlaggebend sein konnten.

Dabei stießen sie immer wieder auf zwei Familiensituationen, die sich als besonders zukunftsträchtig erwiesen, und die sich in Beobachtungen über längere Zeiträume erneut bestätigten: Die von uns bereits so häufig angeführte Sicherheit oder Unsicherheit der frühen Erfahrungen eines Babys oder Kleinkinds mit seinen Eltern. Gewiß gab es andere wichtige Qualitäten, jedoch führte alles letztlich zu diesen beiden Kriterien zurück.

Um die Qualität der frühen Bindung – sicher oder unsicher für das Kind – dingfest zu machen, zu objektivieren, suchten die Wissenschaftler nach einem möglichst unkomplizierten Untersuchungsinstrument. Dieses wurde die besondere Testsituation, die Mary Ainsworth »Strange Situation« (Fremde Situation) nannte. Damit konnte man in weiten Bevölkerungsstichproben, ungeachtet sozialer Herkunft, überprüfen, ob sich die Vermutungen, der Amerikanerin als richtig erwiesen. Klaus und Karin Grossmann taten dies in Deutschland.

Die »Fremde Situation« ist eine doppelte Sequenz von Trennung und Wiederfinden. Kleinkinder werden mit ihrer Mutter in einen ihnen nicht vertrauten Raum mit verschiedenartigem Spielzeug gebracht. Nach einiger Zeit kommt eine fremde Person hinzu, dann verläßt die Mutter den Raum. Das Kind bleibt also eine Weile mit dem oder der Fremden allein. Die Mutter kehrt zurück. Sie und die fremde Person lassen nun das Kind ganz allein zurück. Eine Weile später kommt die fremde Person wieder und schließlich auch die Mutter.

Das Kind wird in dieser Trennungs- und Wiederbegegnungssituation durch eine Einwegscheibe beobachtet und samt seiner Mutter mit Video gefilmt. Jede seiner Reaktionen mit der Mutter, der fremden Person und mit dem Spielzeug wird genau festgehalten und ausgewertet.

Schließlich kristallisieren sich zwei Verhaltensgruppen deutlich heraus: Zum einen die Kinder, die nach ihrem Verhalten als »sicher gebunden« charakterisiert werden können, und zum anderen diejenigen, die sich »unsicher gebunden« (das kann auch heißen »unsicher vermeidend«) verhalten.

Die »sicher Gebundenen« zeichnen sich vor allem dadurch aus, daß sie bei der Rückkehr der Mutter sofort freudig auf sie zugehen und sich vertrauensvoll an sie schmiegen. Die »unsicher Gebundenen« dagegen spielen ungerührt weiter, nehmen keine Notiz von ihr und weichen dem Blickkontakt mit ihr aus. Es gibt auch Kinder – sie wurden von den Psychologen als »unsicher Ambivalente« charakterisiert –, die bei der Rückkehr der Mutter innerlich hin und her gerissen wirken, die sie gleichzeitig zu meiden und sich ihr zu nähern versuchen.

Später wurden diese Beobachtungen auch noch biologisch erhärtet: Man untersuchte in Speichelproben die hormonellen Begleitreaktionen. Es zeigte sich, daß die unsicheren Kinder nach Beendigung der Situation einen auffällig höheren Cortisolspiegel hatten als die sicheren.

Cortisol ist ein Hormon der Nebennierenrinde, das nach besonderen Streßsituationen ausgeschüttet wird, um den Körper zu beruhigen. Der Spiegel dieses Hormons ist ein guter Indikator für das Ausmaß an psychischer Belastung.

Auch Messungen der Herzfrequenz bestätigten die psychologischen Beobachtungen und die Zuordnung der Kinder zu den beiden Gruppen. Es zeigte sich, daß die unsicher gebundenen Kinder den größeren seelischen Streß erlebten und, entgegen dem äußeren Anschein, gar nicht in der Lage waren, sich wirklich aufmerksam ihren Spielzeugen zu widmen. Sie verschanzten sich sozusagen hinter einer Scheinaktivität. All das läßt Rückschlüsse auf späteres Verhalten, nicht zuletzt Lernverhalten bzw. geistige Entwicklung zu.

Die Kinder waren bei der ersten Untersuchung zwischen zwölf und achtzehn Monate alt. Man beobachtete sie erneut im Kindergartenalter. Beide Gruppen (mit denselben Kindern!) ließen sich nach wie vor eindeutig unterscheiden. Die sicher Gebundenen waren offener und neugieriger im gemeinsamen Spiel, sie gingen vertrauensvoll aufeinander zu. Wenn sie angegriffen wurden, wehrten sie sich prompt und direkt. Die Unsicheren dagegen waren wenig aufgeschlossen für die Erforschung neuer Spielzeuge und Situationen. Sie waren weitaus häufiger aggressiv gegenüber den Spielgefährten und schienen zudem prinzipiell nichts Gutes von ihnen zu erwarten. Wenn sie aggressiv auf sie losgingen, geschah es häufig völlig unerwartet und sie griffen nicht offen an wie die »sicheren« Kinder, sondern heimtückisch, oft von hinten, oder sie zerstörten dem anderen ein Spielzeug. So scheinen die »unsicheren« Kinder unter Gleichaltrigen immer wieder ihre Grunderfahrung zu wiederholen und zu überprüfen: Ich werde ja doch abgelehnt und nicht anerkannt, keiner mag mich, alle wollen mir Böses. Es hat keinen Sinn, daß ich mitmache oder etwas vorschlage. Das erfüllt sie, wie könnte es anders sein, mit latenter Wut, auch wenn sie nicht wagen, diese offen und direkt zu zeigen. Die anderen Kinder gehen schließlich auf Distanz. Die Leidenden, Betroffenen geraten in einen latenten Dauerstreß, der ihnen jeden offenen, neugierigen, lernbegierigen Zugang zur Welt immer mehr versperrt.

Wenn jetzt nicht positive emotionale Erfahrungen massiv dieser Entwicklung entgegenwirken, verstärkt sich all dies mit zunehmendem Alter. Die Unsicheren werden unflexibel. Sie können schlecht mit neuen Situationen und ganz besonders mit Konflikten umgehen. Die ständig von ihnen selber neu provozierten negativen Erfahrungen machen alles noch schlimmer. Andere amerikanische Untersuchungen zeigten, daß aggressive Kinder auch häufiger zu Angriffszielen für Gleichaltrige werden. Sie geraten öfter selbst in die Rolle des Opfers als »sichere«, friedlichere, aufgeschlossenere Kinder.

Dies ist keine unausweichliche, aber eine sehr wahrscheinliche Entwicklung, so zeigten die Längsschnittstudien in verschiedenen Altersstufen an den immer wieder gleichen Kindern.

Der Kommentar der Wissenschaftler zu diesen Beobachtungen: Das negativ geprägte »innere Arbeitsmodell« dieser Kleinkinder, Kinder und Jugendlichen war aufgebaut auf Erfahrungen mit ablehnenden, nicht verläßlichen Bindungspersonen. Sie erfüllten die Bedürfnisse nach Sicherheit und Anerkennung nicht ausreichend. So wurde beim Kind eine prinzipiell negative Haltung erzeugt. Sie erleben die Welt als einen »unfreundlichen Ort«. Und sie haben nicht gelernt, ihre Gefühle zur richtigen Zeit im richtigen Zusammenhang angemessen auszudrücken. Denn wenn sie dies in der Vergangenheit getan haben, erfuhren sie darauf als Antwort Ablehnung oder Desinteresse. Ihr Verhalten ist der Ausdruck einer unzulänglichen, inkohärenten emotionalen Organisation. Erinnern wir uns an die Harlowschen verhaltensgestörten Äffchen: Ihre einzelnen Hirn- und neuroendokrinalen Systeme kommunizierten, das heißt auch kooperierten, nicht normal miteinander.

Mit anderen Worten: Die jungen Leute drücken ihr inneres Chaos in feindseligen Handlungen aus. Sie verstehen die anderen falsch, interpretieren ihr Verhalten nicht richtig, und sie werden selber falsch verstanden, weil sie sich nicht angemessen ausdrücken können. Mißverständnisse sind darum geradezu programmiert. Hier finden Indoktrinierungen mit totalitären Ideologien einen fruchtbaren Boden. Den fruchtbaren Boden unbewußter emotionaler Erinnerungen.

Um es einmal vereinfacht auszudrücken: Wenn frühe emotionale Erfahrungen alle Systeme, die an unserem Sozial- und Erkundungsverhalten beteiligt sind, durcheinandergebracht haben, kommen dabei nicht nur »verrückte« emotionale Reaktionen und Aktionen heraus. Ein weiteres Resultat ist schlicht Dummheit.

Grossmann erläutert dazu: Das gute Zusammenspiel der Gefühle im Einklang mit der Wirklichkeit sei die Basis für intellektuelle Kompetenz. Diese befähige uns, Situationen entweder zu meiden oder zu meistern, die zu Konflikten oder Belastungen führen können. Dies sei das Ziel einer normalen, emotional gesunden Entwicklung. Unser Gehirn muß also früh Gelegenheit haben, gewisse positive Erfahrungen bei der Bewältigung von Problemen und Konfliktsituationen einzuspeichern und immer neu zu verarbeiten, damit wir später als Jugendliche und Erwachsene darauf zurückgreifen können.

Im umgekehrten Fall – bei häufiger Zurückweisung, Verlassenheit, vielfältigen, nicht nur negativen, sondern auch unangemessenen emotionalen Erfahrungen (z. B. wenn ich etwas ausprobieren und erkunden wollte und dafür bestraft wurde) – werden falsche Informationen in unser feines Organisationssystem Gehirn eingeschleust. Sie setzen sich fest (beispielsweise als negative, unbewußte emotionale Erinnerungen) und wirken wie Sand im Getriebe. Und dann werden auch alle möglichen anderen Funktionen durcheinandergebracht. Nervosität und Unruhe entstehen. Lernen wird zum unüberwindlichen Problem, zur Erfahrung erneuter Niederlagen. Folglich breitet sich Mißtrauen aus gegenüber all den Unverständlichkeiten einer verzerrt wahrgenommenen Realität. Nicht nur Situationen oder Aufgaben werden in dieser Verzerrung erlebt, sondern auch Menschen: »Was will der eigentlich von mir, der mich da angrinst? Macht er mich blöd an, will er mir was wegnehmen, macht er sich lustig? Vielleicht will er mich angreifen.«

In diesem Chaos, ja der Abwesenheit einer inneren emotionalen Organisation, kann nicht einmal mehr ein freundliches Lächeln verstanden werden. Denn ich habe ja weder gelernt und eingespeichert, wie ich Menschen richtig beurteilen kann, wie ich Verhalten einzuordnen habe, noch wie ich mit ihnen umgehe, damit ich klarkomme. Nichts scheint richtig zusammenzupassen: »Was geschieht mit mir? Andere helfen mir nicht. Sie sind es ja gerade, die mich immer im Stich lassen und provozieren.« Ich (mein inneres Organisationssystem) »dreht durch«. Da bleibt nur noch Handeln, irgendwie, um die Spannung loszuwerden. Da hilft nur noch draufschlagen.

Wenn alle höheren emotional-geistigen Kompetenzen versagen, gibt es nur noch Angriff oder Flucht. Wir werden erinnert an die Erklärung des amerikanischen Hirnforschers LeDoux, wonach bestimmte emotionale Reize gar nicht erst in den Cortex gelangen, um dort zu einer »vernünftigen« Einschätzung verarbeitet zu werden, sondern sofort zu einer körperlichen Reaktion führen, die eine Handlung einleitet. Angriff oder Flucht, etwas anderes scheint nicht in Frage zu kommen. Manchmal streiten sich beide Impulse. Ich habe dann gleichzeitig Angst. Die Erregung befiehlt Angriff, aber nicht direkt, sondern heimtückisch: von hinten, nachts, bevorzugt Wehrlose, Schwächere, Behinderte, Frauen und Kinder als Opfer. In seinem 1993 erschienenen Buch »Unheilbar deutsch« führt uns Peter Sichrovsky Jugendliche vor, in deren Kopf ein solches Durcheinander herrscht. Sie machen kaputt, was anderen lieb ist. »Wir schlugen auf alles«, jubiliert die siebzehnjährige Hanna. »Auf Puppen, auf ihre Köpfe, die zerspringen wie Vasen. Ein Teddybär, den kannst du nicht zertrümmern. Du mußt auf Dinge achten, die zerbrechen können ... Hast du schon mal einen Fernseher zerschlagen ... braune Kiste, weißes Tüchlein drauf ... Wie ein Altar in der Kirche steht er da. Und du hebst deinen Arm, und krach, es fliegen die Scherben ...«

Und dann – wunderbares Erlebnis – entstehen endlich Gefühle. Gefühle, die sie selber wahrnehmen. Vorher fühlten sie nichts. Sie fühlten weder die anderen noch sich selber. Hanna: »... es geht uns mehr ums Feeling, als um ein paar kleine Scheißer, die vor uns zittern.« Deutlicher kann man es nicht ausdrücken. Feeling, das heißt plötzlich dasein, sich selbst fühlen, plötzlich aus dem Nichts der Wahrnehmungslosigkeit, des eigenen Autismus herausgehoben werden. Sich überhaupt fühlen, das heißt dann schon sich stark fühlen. Dann überkommt sie Euphorie: »Zerstören ist die absolute Gewalt und Macht. Niemand kann Ersatz dafür bieten.« Siegfried, achtzehn Jahre alt: »Die reagieren auf mich, nur auf mich!«[43]

Wir haben eingangs Damasios Patienten Elliot kennengelernt. Sein auffälligstes Handicap trotz hervorragender, durch Tests bewiesene Intelligenz war die Unfähigkeit, sich sozial sinnvoll zu verhalten, Anteil zu nehmen, mitzufühlen – mit sich selber und anderen. Mängel in der frühen Kindheit scheinen ähnliche Defizite hervorzurufen wie die Entfernung oder Beschädigung bestimmter Hirnareale. Vielleicht sind die Schäden noch schlimmer. Denn Kinder, Jugendliche und Erwachsene, die keine geordnete Gefühlsorganisation haben, die andere und sich selber nicht fühlen, müssen, wie unsere Beispiele zeigen, handeln, statt zu verhandeln. In allen sozialen Lebenssituationen (und welche sind nicht sozial, abgesehen vom einsamen Bedienen von Maschinen?) ist Verstand ohne Gefühl nichts wert.

Im Unterschied zum hirnoperierten Elliot, der seine Schädigung erst nach einer bereits weitgehend abgeschlossenen Gesamtentwicklung erlitt, verhinderten die frühen negativen und mangelhaften emotionalen Erfahrungen der Kinder einen großen Teil der Entwicklung bereits an der Basis. Auf welchem Boden sollte sich da welcher Geist, welcher Verstand, welche Vernunft entwickeln?

V. Sprache – Eintritt in die Welt des Bewußtseins

Kaum etwas zeigt so deutlich wie die Entwicklung der Sprache, welche Rolle die Basis Gefühl für die Emanzipation des Verstandes spielt.

Denn am Anfang kommunizieren wir über Gefühle. Streicheln, In-den-Arm-Nehmen, Sprachmelodien, die Emotionen transportieren, sind unsere ersten Mitteilungen an ein eben zur Welt gekommenes Baby. Analysen und Definitionen interessieren noch nicht. Die Kommunikation geschieht wie absichtslos. Jedoch ist sie mindestens so eindringlich und sinnvoll wie alles Kluge, was wir uns später im Leben sagen. Ihr Sinn ist existentiell, Entwicklung vorantreibend, motivierend.

Sprache ist für das Neugeborene, stärker als für den Erwachsenen, untrennbar verbunden mit Mimik, Bewegung, Berührung und Blicken. Es ist nicht so wichtig, daß das Kind dabei anfangs noch nicht so gut sieht, ebenso wie es nicht wichtig ist, ob sich das Kind seines ersten Lächelns bewußt ist. Entgegen der verbreiteten Meinung ist es, wie alle seine emotionalen Signale, sozial, denn es lädt zum Mitmachen ein. Es ruft, durch den Blick und jede Veränderung seiner Mimik, ja sogar seines Körpers, der Haltung der Händchen, verstehende Emotionen bei seinem Partner hervor und fordert ihn auf, angemessen zu handeln.

Gleich nach der Geburt nennt die Mutter das Kind bei seinem Namen oder einem Kosenamen. Häufig hat sie das schon während der Schwangerschaft getan, und das

Baby kennt ihn schon. Überhaupt kennt es diese »Mama-Sprache« schon, in die sich nun, noch nicht so vertraut, die »Papa-Sprache« mischt.

Jede der winzigen ersten Aktionen des Babys – auf dem Bauch der Mutter vom Geruch geleitet zur Brust zu rutschen, zu saugen, Luft zu holen, die Augen zu öffnen und angestrengt zu blicken, die Augen zu schließen, sich zu entspannen – wird von den liebevollen Worten der aufmerksamen Eltern begleitet. Sie wiederholen immer wieder ähnlich klingende Satzmelodien, tröstend, ermutigend, stolz. »Ja, sieh mal. Das machst du aber fein. Na guck nur, ja, das ist Mama. Ach, jetzt ist sie (er) müde.« Die gedehnt modulierten Botschaften der Mütter an ihre Babys ähneln sich in ihrem Klang, ja sie stimmen, schriebe man sie wie Noten nieder, tatsächlich überein: bei europäischen, asiatischen, indianischen und afrikanischen Müttern. Hanuš Papoušek entdeckte vor einigen Jahren auf Reisen durch die ganze Welt diesen international übereinstimmenden Sprachsingsang, den er »Ammensprache« nannte. Auch ältere Geschwister benutzen sie.

Das Kind badet von Anfang an in Sprache. So bekommen Handlungen, vom Baby noch nicht unterschieden als eigene oder mütterliche, eine Stimme, eine Sprache, die zu ihnen zu gehören scheinen. Alles zusammen ergibt nach und nach einen gewissen Sinn. Die Entwicklung der Wahrnehmung zeigt, daß das Neugeborene die Welt nicht als Chaos erlebt. Es erlebt sie anders als wir, aber es findet sich – vor allem durch Gefühle – in etwas hinein, daß Sinn hat. Seine eigenen Emotionen bekommen durch die Kommunikation mit den Eltern eine kleine Geschichte. Die Gegenwart hebt sich so bald schon von einer ersten winzigen Vergangenheit ab. Das Kind erfährt etwas über sich, über die anderen und über sein Dasein im Raum und in der Zeit: Mama ist lange fort, ist weit, ist nah, ist da.

Wir haben schon erwähnt, daß Kinder ohne Kommunikation verkümmern. Am eindrucksvollsten demonstrierte es – immer wieder zitiert – im 13. Jahrhundert der Stauferkaiser Friedrich II. Getrieben von wissenschaftlicher Neugier, herauszufinden, was wohl die Ursprache der Menschheit sein könnte, ließ er eine Reihe von Säuglingen gleich nach der Geburt Ammen zur Pflege übergeben. Sie erhielten den Auftrag, die Kinder zwar ihren körperlichen Bedürfnissen entsprechend gut zu versorgen, ihnen aber jede liebevolle Geste und Berührung, jeden Blickaustausch und vor allem jede Ansprache zu verweigern. Die Folge dieser seelischen Folter: Alle Babys starben.

Mit der Sprache ist es wie mit allen anderen Kompetenzen. Was immer als frühe Anlage »auftaucht«, muß benutzt werden, so unreif es noch sein mag. Kinder bringen etwas mit, das wir wie eine hingehaltene Hand verstehen sollen. Wird sie ausgeschlagen, passiert nichts mehr – die dazugehörenden Hirnstrukturen entwickeln sich nicht, sie verkümmern sogar.

Sprach-Intensivkurs am Lebensanfang

Die frühe Bindung mit ihren geschilderten Merkmalen Feinfühligkeit, Verläßlichkeit und Vorhersehbarkeit der Mutter (der Bezugsperson) bietet die ideale Voraussetzung dafür, daß Sprache sich entfalten kann. Hier findet sich alles beisammen: Motivation, Anregung, Vorbild, Übung, Geduld, Imitation und – Gefühl.

Dabei ist es keineswegs so, daß das Kind in seiner ersten Laut- und Silbensprache die Mutter oder die Familienmitglieder einfach nachahmt. Das Baby macht selber »Vorschläge«, die von der Mutter oder dem älteren Geschwisterkind aufgegriffen, imitiert und nach einigen Wiederholungen leicht abgewandelt werden. Das Baby greift seinerseits die Abwandlung auf. Weiter geht es hin und her, bis die Aufmerksamkeit nachläßt oder auf etwas anderes gerichtet wird.

Was passiert, könnte man verkürzt so ausdrücken: Das Kind lehrt die Mutter, es zeigt ihr, wie und auch wann sie ihm etwas beibringen kann, und es bestimmt den Rhythmus. Beide Partner belohnen sich dabei immer wieder durch Gefühlsmanifestationen, mit Lächeln, Lachen, Jauchzen, Streicheln, Drücken. Das Ganze ist ein gegenseitiger Anpassungsprozeß, bei dem es beiden Partnern zugute kommt, daß sich die musikalischen Elemente ihrer Laute und Sprache erstaunlich ähnlich sind.

Rein technisch geht es für das Baby in den ersten Wochen darum, das Zusammenspiel von Atemmuskulatur, Atemdruck und der Aktivierung der Stimmbänder so in Gang zu bringen, daß dabei zufriedenstellende Laute herauskommen. Im zweiten bis dritten Monat sind es häufig Gurrlaute. Diese gehen gleitend in eine Phase stimmlichen Ausprobierens über. Der Spaß, die Herausforderung, es zu schaffen, läßt das Baby alles mögliche versuchen: Quietschen, Kreischen, Brummen, Flüstern, manchmal in kurzem Stakkato, manchmal in langgezogenen vokalartigen Lauten. Zwischendurch hält das Baby lauschend inne, so als warte es auf ein Echo.

»Zur Bereicherung des Repertoires werden verschiedenste Mittel ausgenutzt«, schreibt Mechthild Papoušek. »Ein Überschuß an Speichel, Fingerspiel mit den Lippen, ein Spielzeug oder Finger im Mund, die ersten Zähnchen oder pustendes Ausstoßen von Luft durch die Lippen.«[44]

Das Kind erprobt so alle seine Verständigungsmöglichkeiten – die physiologischen und neuromotorischen, so wie sie sich im jeweiligen Reifestadium eben benutzen lassen. Schon in diesem ersten kreativ erprobenden und erkundenden Umgang mit der eigenen Stimme gehe das Menschenkind eindeutig über das relativ starre angeborene Verhaltensrepertoire unserer nächsten Verwandten, der Primaten, hinaus, meint Mechthild Papoušek.

Immer wieder entwickeln sich, animiert durch das Vergnügen des Kindes an seinen eigenen Kreationen, regelrechte Lautspiele zwischen ihm und seinen Eltern. Die Mutter zeigt dem Kind, wie es spielerisch mit der Stimme umgehen kann, sie wiederholt nicht monoton, sondern mit vielen Änderungen in Rhythmus, Tempo und Stimmlage.

Ein echter Meilenstein in der Sprachentwicklung ist die Wiederholung von Silbenfolgen, wie »mammamamamam« oder »dadada« oder »gegegege«. Die Silbenketten erscheinen meist um den siebten, achten Monat. Zwischen dem siebten und dem neunten Monat lieben es die Kinder, zu monologisieren, und zwar in richtigen Silben. Es entstehen minimale rhythmische Einheiten, so wie sie allen menschlichen Sprachen eigen sind. Um das zu leisten, hat sich ein beträchtlicher Reifungsprozeß im Gehirn vollzogen – und zwar sowohl anatomisch als auch neuromotorisch. Er ist, wie wir jetzt begreifen, vorangetrieben und in Gang gehalten worden durch die ständige Motivation in der Familie, sich Signale und Botschaften zu übermitteln, miteinander zu spielen und dabei Gefühle auszutauschen.

Interessant ist, beobachtete Mechthild Papoušek, daß sich nach dem siebten Monat das Sprachverhalten der Mütter ändert. Bisher haben sie selten typische Babyworte wie »wauwau«, »gagack« oder »hamham« benutzt. Nun steigt diese Nachahmung der kindlichen Ausdrücke plötzlich um 60 Prozent an. Es scheint jetzt weniger darum zu gehen, das Kind bei seiner Einübung von Lauten zu unterstützen, als schon darum, bestimmte Inhalte, Informationen mit Worten zu übermitteln. Hier geht die reine Gefühlssprache bereits in etwas anderes über. Die Mutter verleiht in dieser Phase den Silben eine wirkliche Bedeutung, sie sind nicht mehr nur zu Sprachspielen da.

Emotionen und Geist
machen aus wenig viel

Nun eröffnen sich schon ganz andere Möglichkeiten. Silben, kurze Worte, lassen sich zu unzähligen kleinen Sätzen kombinieren. Sie verschaffen dem Kind bisher nicht gekannte Erfolgserlebnisse und Einsichten in Zusammenhänge. »Mimi Nane!« (Mimi will Banane haben) wird nicht nur mit dem kleinen Wunschziel Banane belohnt. Die Mutter freut sich über die neuen Fähigkeiten ihres Sprößlings und läßt es ihn auch fühlen. Er wird nicht müde, sie wieder und wieder auszuprobieren, wenn Mama nicht zuhört (oder so tut), auch viele Male immer die gleichen – bis zum Erfolg. In einem Supermarkt beobachtete ich einen etwa zweijährigen Jungen, den seine Mutter im Einkaufswagen mit sich herum schob. Fast eine Viertelstunde lang wiederholte er auf der Reise durch das Warenlabyrinth regelmäßig wie ein Metronom immer nur einen Satz: »Mama Eis.« Natürlich bekam er es am Ende. Wäre ja auch noch schöner, wenn so viel Beharrlichkeit nicht belohnt würde.

Mit diesen wenigen Mitteln schafft es das Kleinkind bereits, erstaunlich viel zu sagen. »Da Vögi«, »Mama traurig – Papa böse«, »Benny rauf« (Da ist ein Vögelchen; Mama ist traurig, weil Papa böse ist; Benny will auf den Stuhl). Aus wenig macht es viel, erklärt der amerikanische Sprachentwicklungsspezialist Jerome Bruner. Es lerne nun ganz schnell, daß man mit »Worten Dinge tun«, daß man mit Sprache etwas »machen« kann. Das gelingt dem Kind dank immer neuer einfallsreicher Kombinationen. Es sei typisch, daß es mit einem relativ kleinen »Set« von Elementen arbeite, um weiteren Spielraum für neue Möglichkeiten zu öffnen.[45]

Das bedeutet, das Kind geht in diesem Alter mit der Sprache ähnlich wie mit anderen Fähigkeiten um: Es verbringt seine meiste Zeit damit, sehr wenige bestimmte Dinge zu tun. Es schlägt mit einem Hölzchen auf ein Spielzeug, es langt nach etwas und nimmt es, wieder und wieder. Ganz systematisch. Bald schlägt es nicht mehr auf das erste Spielzeug, sondern auf ein zweites und drittes, auf alles Erreichbare. Es greift nach einem Gegenstand, nimmt ihn, schlägt darauf, wirft ihn auf den Boden, nimmt ihn wieder, steckt ihn in den Mund, legt ihn sich auf den Kopf. So spiele es sein ganzes Repertoire durch, erklärt Bruner. Es übt und macht dabei gleichzeitig eine Menge Entdeckungen. Ähnlich verfährt es mit der Sprache. Es bringt die Bereitschaft und die Grundfähigkeit mit, systematisch zu lernen und zu begreifen. Es handelt und reagiert mit einer kulturellen Kompetenz, mit einem Sinn für Ordnung. Und es weiß auch, was von ihm erwartet wird.

Nach Bruners Beobachtungen bringt das Kind vier Eigenschaften oder Prädispositionen mit auf die Welt, die ihm helfen, mit Sprache umzugehen:

• Da ist als erste die eben genannte Fähigkeit, *systematisch zu handeln*. Wir brauchen ihm nur beim Spielen zuzusehen, wie wir es eben getan haben. »Wenn man von der Begrenztheit des Aktionsfelds des Kindes ausgeht, dann ist das, was sich im Rahmen dieses Felds abspielt, genauso geordnet oder systematisch wie das Verhalten eines Erwachsenen«, schreibt der Wissenschaftler. Mit dieser Systematik ist das Kind nun auch fähig, Hypothesen über seine Umwelt aufzustellen, Schlüsse zu ziehen. Eine wichtige Voraussetzung, um mit Sprache sowohl passiv als auch aktiv umzugehen.

• Das zweite ist seine Fähigkeit, *Handlungen auf ein Ziel zu richten*. Das heißt zunächst, es sucht aktive Regeln und Regelmäßigkeiten in seiner Umwelt und bringt diese Erfahrungen in eigene Handlungsschemata oder -strukturen ein. Ganz am Anfang ist es, wie wir gesehen haben, schon in der Lage, mit einem nichtnutritiven Schnuller Mamas Stimme zum Erklingen zu bringen, oder eine bevorzugte (weil schon bekannte) Musik anzuschalten. Ebenso schnell wie Gegenstände, lernt das Kind auch, Menschen für seine Ziele einzusetzen. Das ist nur möglich durch Kommunikation. Eine solche Fähigkeit, sich »interaktiv« zu verhalten, werden wir schwerlich bei Menschenaffen finden.

• Das dritte schließlich, wie könnte es anders sein, ist der übermächtige *Wunsch zur Kommunikation*. Auf diesen Wunsch, der auf dem Boden von Emotion, Gefühl gewachsen ist, angemessen zu reagieren, ist die stärkste Lernförderung überhaupt, die wir (und vor allem Eltern) einem Kind angedeihen lassen können. Andererseits gibt es kaum etwas Destruktiveres als die Verweigerung einer sozialen Reaktion angesichts eines solchen Appells. Schon ein abweisendes, verschlossenes Gesicht kann das Baby aus dem Gleichgewicht bringen. (Uns vielleicht gelegentlich auch!)

Hier zeigt sich noch einmal, daß eine gute emotionale Basis die beste Startchance für geistige Entwicklung ist: Eltern können ihrem Kind Sinnvolleres als »Bitte- oder

Dankesagen« auf den Lebensweg mitgeben. Bitte und danke allein sind noch keine Kommunikation. Sie werden erst dazu, wenn das Kind selbst herausfindet, daß es mit diesen Worten wirklich etwas »tun« kann, wie Bruner meint, daß es damit etwas bewirken kann. Und das lernt es nur, wenn wir ihm nie die Kommunikation verweigern – auch nicht einem Baby, das uns mit Quengeln dazu auffordern will. »Ach, es will ja nur Aufmerksamkeit.« Gott sei Dank will es vor allem Aufmerksamkeit und uns zu »sozialer Interaktion« bewegen. Denn sonst würden sein Gefühl und sein Geist verkümmern. Davor ist es am meisten geschützt durch die Lust der Eltern, ihre intuitive, aufmerksame Präsenz. Meist folgen sie gern den Aufforderungen ihrer Kinder.

• Die vierte Fähigkeit des Kindes schließlich ist sein erstaunliches *Abstraktionsvermögen*. Es weiß zum Beispiel, daß ein kugelrundes Ding, das man sich zuwerfen kann, egal, ob es sich größer oder kleiner, gelb oder rot, rauh oder glatt präsentiert, ein Ball ist. Ein Möbel, auf das man sich setzen kann, mag ganz verschiedene Eigenschaften haben: Das Kind erkennt es als Stuhl. Hunde machen nicht immer »wauwau« und sehen ganz verschieden aus, trotzdem vermag das Kind einen »Wauwau« von einer »Miau«, die ebenfalls vier Beine, Fell und einen Schwanz hat, zu unterscheiden. Schon nach einigen Lebensmonaten weiß ein Baby, wenn Mama ihm »böse« ist. Es versteht den Sinn von »nein, nein!«, obwohl tausend verschiedene Verbote damit gemeint sein können. Anders ausgedrückt: Was es in seinem vorsprachlichen Universum an Erfahrungen gesammelt hat, hilft ihm nun bei der Benutzung der Sprache.

Wir können auch sagen: Alles, was ein Kind vom ersten Atemzug an »lernt«, bedeutet gleichzeitig Sprechen lernen – das heißt, Gefühl und Geist benutzen und formen. Es ist wie mit den Wahrnehmungen: Jeder einzelne Sinn kann sich nur im Zusammenspiel mit den anderen entfalten. Sprache lernt das Kind nicht, weil eifrige Erwachsene ihm wohlartikulierte Laute vormachen oder immer wieder auf einen Gegenstand zeigen und ihn benennen.

Für Eltern in ihrer Unsicherheit – machen wir es richtig oder nicht? – ergibt sich daraus die ermutigende Gewißheit, daß sie nicht Vater- oder Muttersein oder Sprachunterricht zu geben studiert haben müssen. Sie sind »von Natur aus« auf vielfältige Weise dazu befähigt, ihrem Kind in all den zahllosen Dialogen, Spielen, gemeinsamen Handlungen den Weg in die menschliche Sprache zu zeigen. Ihr Bildungsgrad spielt dabei zunächst keine Rolle. Und es macht auch nichts, wenn nicht alles perfekt abläuft. Der natürliche Entwicklungsplan hat eine so ungeheure Variationsbreite, bietet so unendlich viele – fast immer emotionale – Ansatzmöglichkeiten, daß alle Eltern eine Chance haben, es gut zu machen.

Etwas miteinander mit Worten tun

Sprache heißt am Anfang meist, etwas miteinander tun – mit und ohne Worte. Dabei muß man sich gegenseitig aufeinander abstimmen. Je anspruchsvoller das »Tun« wird, desto weniger reichen Mimik, Gebärden oder nur Laute aus. Das Problem des Kindes dabei ist ein ganz anderes, als wir vielleicht annehmen würden. Wenn es sich nicht gleich richtig ausdrücken kann, so liegt es meist überhaupt nicht daran, daß ihm die Worte fehlen. Es kommt in Schwierigkeiten, weil es oft noch gar nicht genau weiß, was es von der Mutter eigentlich will. Denn die Sache kann ja komplizierter sein, als wenn es nur darum geht, eine Banane zu bekommen. Bei dem, was das Kind möchte, spielt ja nicht nur Mama eine Rolle, die zum Beispiel etwas tun soll, sondern auch das Kind, das dabei selber etwas machen und verwirklichen will. Das muß es in seinem Kopf erst einmal ordnen, bevor es sich richtig ausdrücken kann. Hier kommt seine Mutter entscheidend ins Spiel. Denn sie unterstützt es bei seinem Gedankenprozeß. Sie hilft ihm, herauszufinden, was es wirklich möchte. Manchmal hilft sie ihm auch, eine Frage zu finden, die sich in seinem Geist oder Gefühl noch nicht klar herausgeformt hat.

Wie so etwas ablaufen kann, schildert Jerome Bruner, und ich möchte Ihnen folgenden kleinen Dialog aus seinem oben zitierten Buch nicht vorenthalten. Ich gebe das Gespräch zwischen dem zweijährigen Richard und seiner Mutter möglichst sinngemäß wieder (eine wörtlich genaue Übersetzung würde das nicht erlauben):

Richard: Mami, Mami!

Mutter (bleibt sitzen): Was?

Richard: Ma, Mami, Mami komm! (Er zeigt auf den Schrank.)

Richard (geht zum Schrank, dessen eine Tür offen, die andere geschlossen und verriegelt ist. Richard sieht mehrmals abwechselnd zu seiner Mutter und dem Schrank, berührt die geschlossene Tür und steckt seine Hand in die offene Hälfte): Auf, auf, auf! (im Englischen: »Up!«)

Mutter: Auf den Schrank?

Richard: Schrank.

Mutter: Was meinst du, »auf Schrank«?

Richard: Auf Schrank, auf Schrank, auf Schrank auf.

Mutter: Willst du, daß ich aufstehe?

Richard: Aufstehe.

Mutter (lacht)

Richard: Schrank. Schrank. Schrank auf, Schrank auf, Schrank auf, Schrank auf.

Mutter (steht auf, geht zu Richard neben den Schrank): Ich kann den Schrank nicht aufheben! (Sie öffnet den Schrank, während sie mit ihm spricht.)

Richard (schaut in den Schrank. Er entdeckt ein Spielzeugtelefon.)

Mutter: Wie wär's mit dem Telefon? Du nimmst dir das Telefon raus, und dann telefonierst du. (Sie geht weg. Die Schranktür fällt wieder zu.)

Richard: Mami (er geht zu ihr, zieht sie an der Hand zum Schrank). Mami nimm Telefon raus!

Mutter (macht die Schranktür auf): Das ist es also! Nun nimm dir das Telefon raus!

Richard (faßt in den Schrank): Teller raus (er ist ganz aufgeregt).

Mutter: Mmmmmm.

Richard: Teller raus.

Mutter: Teller raus!

Richard (zerrt die Teller aus dem Schrank, bringt sie zum Sofa und sieht seine Mutter lächelnd an).

Bruner erklärt, daß wir nicht wissen können, was Richard anfangs wollte. Er hatte offensichtlich Schwierigkeiten, seine Bitte auszudrücken. Als er seine Mutter schließlich dazu gebracht hatte, den Schrank zu öffnen, wurde er durch das Telefon von seiner ursprünglichen Absicht abgelenkt. Wahrscheinlich hatte er nach Tellern gesucht, um seinen Tieren, die er um sich versammelt hatte, etwas zu essen zu geben. Als er nun das Telefon sah, brachte er es fertig, einen ganzen Satz zu sagen: Mami nimm Telefon raus. Jedoch fiel ihm wohl, nachdem die Schranktür ganz offen stand, seine ursprüngliche Absicht wieder ein.

Welche Rolle spielt Gefühl in diesem Verständigungsprozeß? Ohne Gefühl und vor allem Einfühlungsvermögen der Mutter und ohne ihre Bereitschaft, geduldig und nicht zu handlungsbestimmend auf ihr Kind einzugehen, wäre Richard nicht zu seinem Ziel gekommen und hätte den Eindruck bekommen, mit seiner Sprache nichts anfangen zu können. Er wäre entmutigt gewesen und hätte nicht gelernt, »wie man mit Worten Dinge tun kann«.

Als Zuhörer können wir im Verlauf dieses Dialogs miterleben, wie schwierig es für das Kind ist, ohne Unterstützung der Mutter, zunächst den notwendigen Handlungsplan zu finden, und dann auch noch seine sprachliche Aufforderung von vornherein aufeinander abzustimmen.

Was ein Kind uns mitteilen, fragen oder bitten möchte, entsteht zwar sicher als Wunsch, dies im Zusammenhang mit dem, was es gerade tut oder erlebt, in Worte zu fassen. Aber es ist nicht sofort – und nicht in der richtigen Reihenfolge – fertig formuliert da. Das Kind weiß noch nicht, was es sagen wird. Es kennt seine Frage, beziehungsweise Bitte oder Aufforderung an die Mutter noch nicht. Nicht immer. Und ohne die intuitive Einfühlungsfähigkeit der Mutter (der Eltern), genau in der erforderlichen Weise »einzusteigen«, nicht zuviel und nicht zuwenig – wie Richards Mutter es wunderbar demonstriert –, käme das Kind in Bedrängnis. Es würde nichts lernen und nicht wie hier eine wirkliche Herausforderung meistern. Vielleicht würde im Gegenteil sein schüchterner Kommunikationsversuch schon im Keim erstickt.

Die Fähigkeit, Aufforderungen und Bitten auszudrükken, ist in der kindlichen Geistesentwicklung ein Meilenstein auf dem Weg zum verfeinerten sozialen Umgang mit anderen. Denn hier geht es um mehr, als nur Sprache an sich zu lernen. (Vielleicht gibt es »Sprache an sich« überhaupt nicht.) Es ist ein Schritt in die Kultur.

Der kleine große Schritt
in die Kultur

Jerome Bruner meint, Sprache sei für den Menschen eine
Frage von Sein oder Nichtsein. Kultur zu benutzen sei
für uns notwendig, um zu überleben. Diese Notwendig-
keit zwinge uns geradezu, Sprache zu lernen und zu
beherrschen. Was würde aus einem Kind, wenn es die Bindung zu den Eltern weiter nur durch Körperkontakt aufrechterhalten könnte? Wenn es ständig in ihrer unmittelbaren Nähe bleiben müßte? Sprache ist ein Werkzeug,
menschliche Beziehungen auf eine andere Ebene als die
der Hautfühlung und der Befriedigung der unmittelbaren
Bedürfnisse zu heben. Über eine gewisse Distanz zu kommunizieren erfordert jedoch ein vorher erworbenes gegenseitiges Vertrauen und eine gewisse Abgestimmtheit
aufeinander. Der Umgang mit der Kultur beginne in dem
Moment, in dem das Kind auf der menschlichen Bühne
erscheint, erklärt der Wissenschaftler. Darum setzt es
vom ersten Tag an all seine emotionalen und anderen
Kompetenzen ein, um sich Sprache regelrecht Zentimeter
für Zentimeter zu erobern. Damit nimmt es seinen Platz
in der Kultur ein.

Verstehen wir uns richtig: Kultur ist nicht irgendein
Luxus für Intellektuelle, Kultur ist nichts anderes als das
Lebenselixier für die Spezies Mensch. Ohne sie geht er zugrunde. Am Beispiel des unmenschlichen Versuchs des
Stauferkaisers mit den vernachlässigten Kindern konnten
wir das nachvollziehen. Und an den Jugendlichen, die
sich in einer emotional, sprachlich und damit kulturell
verarmten Umwelt durchschlagen müssen, zeigt sich, daß
die Folgen solcher Kulturlosigkeit bis zu Gewalt gegen
sich selbst und andere, ja, bis zu ihrer Vernichtung führen
können. Erste Emotionen, die keine Gelegenheit hatten,

in angstfreier Geborgenheit zur Motivation für frühes »Lernen« zu werden, blieben bei ihnen unstrukturiert und dumpf unbearbeitet. Das besondere Zusammenspiel des menschlichen Gehirns mit seinen Systemen verlangt tatsächlich nach dem Ordnen und Strukturieren des Emotionalen durch den »Geist«. Was dabei entsteht, sind Gefühle und geistige Kreativität.

Nicht immer geht es darum, im Bruchteil einer Sekunde vor einer schlangenähnlichen Form zurückzuweichen. Es geht nicht nur darum, Gefahr zu vermeiden. Und wenn, dann sind menschliche Gefahren meist sehr viel komplexer als die, die von einer Schlange drohen. Die größten Bedrohungen für den Menschen ergeben sich aus dem sozialen (bzw. unsozialen) Zusammenleben mit anderen.

Der Mensch braucht also weit mehr als emotionale Blitzreaktionen. Auch Tiere brauchen mehr als sie. Wir jedoch (und auch schon manche höhere Säugetiere) brauchen für das friedliche Zusammenleben Gefühle. Und was sind Gefühle anderes als die »Spitze« einer Entwicklung, in der Emotionalität und Geist sich gegenseitig entfalten und formen helfen?

Gefühl – eine ins Bewußtsein dringende Leidenschaft

Wir begegnen im menschlichen Körper-Geist immer wieder den gleichen Entwicklungsprinzipien, wie wir sie beim Embryo, Fötus, Neugeborenen, Baby, Kleinkind usw. gesehen haben. Jedes System, sei es Wachstum, Bewegung, die einzelnen Wahrnehmungen, erste Empfindungen, Emotionen, Sprache, Geist und Gefühl, entfaltet sich durch die Hilfe und die Kooperation von anderen.

Bisher haben wir »Gefühl« häufig fast synonym mit »Emotion« benutzt. Wir werden uns jetzt, nachdem wir diesen Weg zurückgelegt haben, jedoch immer bewußter, daß es einen Unterschied im Niveau der Entwicklung gibt. Das heißt nicht, daß beide nicht ständig und bis zum Tod nebeneinander und miteinander existierten. Auch der Hirnforscher LeDoux schildert Gefühl als eine Verknüpfung von Emotion und Geist. Emotion, erklärt der Wissenschaftler, sei mehr als eine körperliche Reaktion, obwohl sie mit ihr einhergeht, sie sei mehr, nämlich ein subjektives Erleben. Gefühl jedoch nennt er »eine ins Bewußtsein dringende Leidenschaft«. Bewußte emotionale Erlebnisse sind Gefühle. Zudem braucht Gefühl eine Entwicklung. Und die geht mit der geistigen einher. Zur Gefühlsentwicklung braucht der Mensch Sprache. Beobachtungen zeigen, daß Kinder schon ganz früh Gefühle und Gefühlszusammenhänge auszudrücken versuchen – in einem Alter, wo sie nur über wenige Worte verfügen (»Mama traurig – Papa böse«).

Sprache taucht nicht mit dem ersten Wort oder den ersten Doppelsilben auf. Sie taucht nicht nur auf als das, was wir gemeinhin als Sprache erkennen. Sie erscheint und entfaltet sich in all diesen winzigen oder gewaltigen Fähigkeiten, die wir bereits geschildert haben. Sie steckt in all den von Emotion motivierten Kompetenzen, die Welt in vielfältiger Weise mit sämtlichen Sinnen wahrzunehmen: in der Kompetenz, sich aufzurichten, Dinge mit Händen zu tun, zu spielen, zu handeln. In der Kompetenz, Bindung zu schaffen und aufrechtzuerhalten, Gefühle zu wecken, zu zeigen und zu verstehen. Und weiter: In der Kompetenz, daraus vielfältige soziale Beziehungen entstehen zu lassen.

Kopfzerbrechen über den Anfang
der Sprache

Zwar haben wir jetzt immerhin schon eine Vorstellung davon, wie Kinder sprechen lernen. Trotzdem müssen wir uns doch über einiges wundern: Wie bringen sie es fertig, kaum dem Babyalter, aber noch keineswegs den dicken Windelpaketen entwachsen, in ihrem Kinderjargon richtige Sätze zu formulieren? Wie bringen sie es fertig, so etwas Kompliziertes wie Grammatik und Syntax zu lernen? Brauchen wir selber nicht Jahre, bis wir das in einer fremden Sprache halbwegs beherrschen?

In der Tat haben Linguisten immer wieder an diesem Phänomen herumgerätselt und Theorien aufgestellt und verworfen. Ich finde es spannend, sie einmal in ihrem Aufeinanderfolgen und der gegenseitigen Auseinandersetzung zu verfolgen. Denn wir können gewisse Lehren für unser Thema daraus ziehen. Mich haben sie früher mehr abgeschreckt als angezogen, darum versuche ich sie Ihnen so einfach wie möglich aufzubereiten.

In den dreißiger, vierziger und fünfziger Jahren gab es einige Modellvorstellungen, die in der Quintessenz etwa auf das hinausliefen, was wir uns selber schon so ungefähr erklärt hatten: Da sind Worte, und da sind Dinge. Ein Wort bekommt einen Sinn, wenn es mit einer Sache zusammengebracht, das heißt genannt wird. Zwischen ihnen wird eine Verbindung hergestellt: die Bedeutung. Diese Theorien verstanden Sprache als ein riesiges Netz, in dem separate Elemente assoziativ miteinander verbunden wurden – einzelne Worte und einzelne Dinge. Die meisten Nichtlinguisten sehen das auch so. Sie meinen zum Beispiel, wenn sie einem Kind beibringen, Dinge, Personen oder Tiere zu bezeichnen – »Wauwau«, »Muhmuh«, »Mama« – und Begriffe wie »hamham« (für essen) oder

»da« hinzufügen, dann ergebe die Aneinanderreihung solcher »Elemente« eben Sprache.

Aus dieser Position der assoziativen Verbindung von Einzelelementen heraus versuchten die Wissenschaftler die gesamte Sprachentwicklung zu erklären. Ihre Versuche erwiesen sich im Licht der neueren Entwicklungsforschung nicht nur als unzulänglich, sondern auch als falsch.

Es ist jedoch wichtig, sie im Zusammenhang mit der damaligen Forschung zu sehen. Seinerzeit faszinierte Piagets Modell der Intelligenzentwicklung, das heute zwar noch eine gewisse Gültigkeit hat, wenngleich etliche seiner Schlußfolgerungen von neuen Erkenntnissen überholt wurden. Für Piaget war ein Kind unter sieben Jahren noch außerordentlich beschränkt in seinen geistigen Fähigkeiten. Es entwickelte nach seinem Verständnis zwar schon in den ersten 18 Lebensmonaten beachtliche praktische Fähigkeiten. Aber es war für den Schweizer Forscher doch alles andere als ein kleiner Denker.

Auf diesem Hintergrund war es nicht leicht zu erklären, daß das Kind schon sehr früh mit Grammatik umgehen kann. Auf der einen Seite schien es mit vielen Aufgaben, die für einen Erwachsenen banal und einfach waren, überfordert, auf der anderen Seite konnte es offensichtlich Regeln aus einem so hochkomplizierten System wie der menschlichen Sprache herausfinden und selber herausarbeiten. Wie paßte das zusammen?

Die »Revolution« fand in den sechziger Jahren statt. Der Philosoph und Sprachforscher Noam Chomsky versuchte, die Frage zu beantworten. Er stellte die These auf, bald von einer brillanten Theorie untermauert, das Kind müsse eine angeborene Fähigkeit haben, eine hochspezifische »Prädisposition«, das System Sprache zu verstehen. Er nannte diese Fähigkeit »Language Acquisition Device« (Spracherwerbs-Mechanismus), abgekürzt LAD.[46]

Chomsky vermutete, daß es irgendwo im Gehirn eine Stelle gebe, wo dieses LAD, diese angeborene Fähigkeit zum Spracherwerb, ihren Sitz habe. Man stellte sie sich als eine Art »Box« vor, in die über das Gehör des Kindes sprachlicher Input hineinkäme. Dieser Input war oft sehr unvollkommen, häufig waren es Gesprächsfetzen, die das Kind um sich herum hörte, aber auch Sprache, die wirklich an es gerichtet war. Der in der Box untergebrachte Mechanismus war so gut auf alles eingestellt, daß er mit allem etwas anfangen konnte und aus diesem Sprachsalat unverzüglich die richtigen Hypothesen über die Regeln der Sprache herausschälte.

Chomskys Idee traf auf wahre Begeisterung. Endlich wurden so viele bisher unerklärliche Phänomene plausibel. Und das Ganze paßte auch gut in die neue Forschung über das Baby: Schließlich zeichnete sich in allen Bereichen ganz deutlich ab, daß das Kind mit beträchtlichen Kompetenzen auf die Welt kam. Und diese ihm angeborene Kompetenz zum Spracherwerb war auch noch eine spezifisch menschliche.

Der Entwicklungspsychologe Bruner ergänzte den Chomskyschen Gedanken um einen ganz wichtigen Aspekt: um eben jenes Prinzip, das in der emotionalen Entwicklung eine so wichtige Rolle spielt – den notwendigen Partner, das Umfeld, anfangs die Eltern. Wie jede Fähigkeit, die als Anlage erscheint, braucht auch diese ein angemessenes Umfeld, einen Partner, damit sie sich entfalten und »funktionieren« kann. Sie braucht Unterstützung.

Chomskys LAD, die angeborene Kompetenz zum Spracherwerb, »schreit« buchstäblich nach einer sie ergänzenden Kompetenz von seiten der Eltern – auch sie von der Natur vorgegeben. Bruner nannte sie LASS: »Lan-

guage Acquisition Support System« (Unterstützungs-
system zum Spracherwerb). Beide Systeme sind aufeinander angewiesen, um sich zu entfalten – das des Kindes
auf das der Eltern und das der Eltern auf das des Kindes.
In der Fachsprache gibt es dafür den unschönen Ausdruck »Interdependenz«. Irgendeine Mutter im Dialog
mit ihrem Baby oder Kleinkind, wie Richard und seine
Mutter, führen uns vor Augen, was das ist.

Für Chomsky war die spezifisch menschliche Kompetenz zur Sprache sozusagen die erste, die allen anderen
geistigen vorausging.

Wie es so oft mit faszinierenden und überzeugenden
Theorien geschieht, wurde auch diese – zu Recht! – noch
einmal regelrecht auf den Kopf gestellt. Der Wissenschaftler John McNamara veröffentlichte eine Arbeit, in
der er die Meinung vertrat, es sei alles genau umgekehrt,
wie Chomsky es sah: Kinder seien eben aufgrund all ihrer anderen angeborenen oder erworbenen Fähigkeiten
in der Lage, Sprache zu lernen. »Ganz besonders, weil sie
die ziemlich gut entwickelte Fähigkeit haben, einen Sinn
zu sehen in gewissen Situationen, die direkte und spontane menschliche Interaktionen beinhalten.«[47]

Das heißt nichts anderes als: Sie verstehen bereits, bevor sie dieses Verstehen ausdrücken können. Und es heißt
auch: Sprache bekommt ihre Bedeutung erst in einem
Sinnzusammenhang und zwar in einem menschlichen. So
wird noch einmal unterstrichen, was wir uns hier die
ganze Zeit vor Augen geführt haben: Das Erlernen von
Sprache ist aufs engste und unauflöslichste mit allen anderen Lernprozessen verbunden – den emotionalen, den
praktischen (im Handeln z. B.) und den geistigen. Es hat
wirklich keinen Sinn, das Kind wie einen Papagei zu behandeln und ihm immer wieder wohlgeformte Laute
oder Worte vorzusprechen.

Sicher würde es auch dies lernen: Allerdings würde es sich dabei nicht um Sprache handeln, sondern um Nachgeplappertes. Und eben das ist die Sprache eines Kindes nicht!

Weitergedacht bedeutet all dies, daß es gar nicht um einzelne Worte und ihre Bedeutung geht, nicht um ein isoliertes Verständnis von dem, was ein Wort meint. Damit können wir noch nicht viel anfangen. Es geht um sinnvolle Zusammenhänge. Diese entstehen im gemeinsamen emotionalen Erleben und Handeln. Was wir Kindern sagen, muß eine Bedeutung in ihrem Erleben haben. Sie müssen damit Ereignisse, Spiele, Situationen in ihrem Leben in Zusammenhang bringen können. Piaget hatte mit einigen seiner Tests bei Kindern keinen oder, wie er meinte, einen negativen Erfolg, weil er beispielsweise nach »roten Tulpen oder Tulpen« fragte, und wissen wollte, welche der Blumen in größerer Zahl da seien. Kein Wunder, daß die Kinder sich für dumm verkauft vorkommen mußten (uns würde es ähnlich gehen) und nicht antworten konnten. Die gleiche Aufgabe, die ihnen später von anderen Psychologen in einem sinnvollen eigenen Erfahrungszusammenhang geboten wurde, konnten sie beantworten, weil sie nun die Frage verstanden.

Die englische Entwicklungspsychologin Margaret Donaldson vermutet, daß es eine Vorstellung von Erwachsenen sei – Erwachsenen der westlichen Zivilisation –, zu glauben, daß Worte isoliert einen Sinn hätten.

Um dies zu illustrieren, gebe ich ein Beispiel, das in einer amüsanten Anekdote einen Forscher schildert, der sich für die Sprache der nordamerikanischen Indianerstämme interessierte. Er bat einen Indianer, ihm folgenden Satz zu übersetzen: »Der weiße Mann schoß heute sechs Bären.« Der Indianer antwortete, das sei ihm unmöglich. Irritiert forderte ihn der Forscher auf, ihm das zu erklären. »Wie kann ich das tun?« entgegnete der Indianer. »Kein weißer Mann könnte sechs Bären an einem Tag schießen.«

Donaldsons Kommentar: »Für westliche Erwachsene und besonders für westliche erwachsene Linguisten sind Sprachen formale Systeme. Ein formales System kann in formaler Weise manipuliert werden. Es ist leicht, aber gefährlich, daraus abzuleiten, daß es auch in formaler Weise g e l e r n t wird.«

Chomskys LAD ist ein formaler Datenprozessor. Nach Donaldsons Beobachtungen funktioniert er zu automatisch und zu mechanisch, in gewisser Weise kalt und unmenschlich. »Das lebendige Kind« habe damit wenig zu schaffen. Schließlich fließe warmes Blut in seinen Adern.

VI. Ausblicke in die Zukunft

B isher haben wir uns bei unserer Suche nach den Wurzeln des Verstands in den Emotionen für neuronale Verdrahtungen in unserem Kopf und zwischen Kopf und Körper interessiert. Dieses mit winzigen elektrischen Impulsen arbeitende Netz aus Nervenzellen und ihren Verbindungen ist jedoch nur ein Teil des gesamten Informations- bzw. Kommunikationssystems, das Soma (Körper) und Psyche ununterbrochen miteinander im Gespräch hält. Das andere System, von dem hier die Rede sein soll, könnten wir, im Gegensatz zum neuronalen, das biochemische nennen, das Substanzen wie Hormone, Peptide und Proteine benutzt.[48] Es ist das Informationssystem der »Säfte«. Sie sind biochemische Substanzen, Mixturen aus verschieden großen und unterschiedlich gebauten Molekülen. Wir können sie im Unterschied zu den Rezeptoren »Bindesubstanzen« (englisch »ligands«) nennen. Denn ganz gleich, auf welchem Weg sie reisen, sie binden sich an die genau für sie bestimmten Rezeptoren.

Die Moleküle unserer Emotionen

Was ist ein **Peptid**?
Jede beliebige natürliche oder synthetische Verbindung aus zwei oder mehreren Aminosäuren. Die größeren unter ihnen, die aus bis zu 100 Aminosäuren bestehen, nennt man Polypeptide.
Neuropeptide sind Informationspeptide, Neurotrans-

mitter, von denen man ursprünglich glaubte, sie würden nur von Nervenzellen abgesondert. Inzwischen weiß
man jedoch, daß auch Lymphozyten und Monocythen
(Makrophagen) – beides wichtige Zellgruppen des Im-
munsystems – diese Substanzen sowohl produzieren als
auch auf sie reagieren. Darum bevorzugen Immunolo-
gen heute die Bezeichnung Zytokine oder Chemokine.
Für uns ist interessant, daß Nervenzellen zum Informationsaustausch teilweise die gleichen Botenstoffe benutzen wie Immunzellen.

Was ist ein **Hormon**?
Ein Botenstoff, der vom Blut transportiert wird und darum länger zur Nachrichtenübermittlung braucht als
Neurotransmitter im Nervensystem. Es ist meist ein
Peptid oder ein Steroid (fettlösliche Substanz) und wirkt
als Signal für Veränderungen der physiologischen Aktivität, z. B. Wachstum oder Stoffwechsel.

Was ist ein **Protein** (Eiweiß)?
Ein Riesenmolekül aus einer oder mehreren Ketten von
mehr als 200 Aminosäuren. Proteine sind eine Grund-
substanz aller lebenden Zellen. Sie schließen für den
Organismus lebenswichtige Substanzen wie Enzyme,
Hormone und Antikörper ein.

Eine Liebesaffäre von Körper und Gehirn

Alle diese Substanzen können Emotionen steuern, das
heißt, auslösen, übermitteln und auf sie reagieren. Sie wirken über die Emotionen auf unseren Verstand: Sie können, je nach der begleitenden oder auslösenden Situation,
anregen, motivieren oder dämpfen und verhindern. Da sie
nicht nur aus unserem Gehirn kommen, sondern auch aus

unserem Körper, stellen sie sozusagen das Bindeglied zwischen Geist und Körper da. Vereinfacht ausgedrückt, hat so auch der Körper einen Anteil an unserer Intelligenz.

Ausdrücklich und damit kein Mißverständnis aufkommt: Weder eine Reihe neuronaler noch biochemischer Signale führen zu dem, was wir Verstand nennen. Hier handelt es sich um wichtige Grundbausteine. Sie sind deshalb so interessant, weil sie den Forschern Aufschlüsse über das Funktionieren unseres gesamten Körper-Geist-Systems geben. Wir könnten dieses »Funktionieren« auch als eine leidenschaftliche Liebesbeziehung bezeichnen. Und die beiden Partner Soma und Psyche hängen so sehr aneinander, daß man geradezu von Hörigkeit sprechen könnte. Daß das nicht sein kann (weil nicht sein darf!), war jahrhundertelang fast eine Art Dogma der Wissenschaft, das sich tief in unsere Köpfe eingeschrieben hat. Warum solche Überzeugungen unverwüstlich scheinen oder sind, haben wir den amerikanischen Hirnforscher LeDoux bereits erklären lassen.

Als die amerikanische Psychologin und Molekularbiologin Candace B. Pert 1972 den ersten Rezeptor für eine »Emotionssubstanz« gefunden hatte, war sie (wie ihre Kollegen) noch von der Richtigkeit des bis dahin gültigen Konzepts überzeugt: Danach wurden alle Hirnfunktionen, die geistige Vorgänge betrafen, von den Milliarden Synapsen zwischen den Nervenzellen geregelt. Hier wirkten elektrische und biochemische Aktionen und Reaktionen zusammen.

Anfang der achtziger Jahre jedoch betrat eine neue Theorie die Bühne der neurologischen Forschung. Sie zielte auf ein anderes Informationssystem außerhalb des »verdrahteten« Nervensystems ab. Seine Botschaften bestanden nur aus einer chemischen Kommunikation zwischen den Zellen.

Der Wissenschaftlerin Pert war es mit Hilfe ihres Kollegen Stafford McLean gelungen, am NIMH (National Institute of Mental Health) eine neue bildgebende Technik zu entwickeln, mit der man sichtbar machen konnte, wo im Gehirn bestimmte Neurotransmitter produziert wurden. Bisher hatten sie immerhin schon die Verteilung der Rezeptoren im Bild darstellen können, die der Botenstoffe jedoch nicht. »Wir fühlten uns plötzlich, als flögen wir über einen Wald, statt die Baumrinden zu untersuchen«, sagt Candace B. Pert über ihr Empfinden bei der Handhabung dieses neuen Werkzeugs.

Zu ihrer Überraschung zeigte sich, daß an dem alten Konzept etwas nicht stimmen konnte: »Wenn Peptide (Neurotransmitter) und ihre Rezeptoren über Synapsen miteinander kommunizierten«, schreibt sie, »dann müßten sie in nur winzigen Abständen voneinander aufzufinden sein. Aber ihre Anordnung paßte nicht zu dieser Erwartung.« Viele der Rezeptoren waren ganze Zentimeter entfernt von den Neuropeptiden. Die Forscher fragten sich also, wie sie denn ohne Synapsen wohl in Kontakt traten. Perts Kollege Miles Herkenham kam aufgrund der neuen Bildbeweise zu der Auffassung, daß nur zwei Prozent (!) der Information durch synaptische Verbindungen von Neuronen gesteuert würden, der ganze »Rest« von 98 Prozent jedoch von der jeweiligen Besonderheit der Rezeptoren, das heißt, von ihrer Fähigkeit, jeweils nur einen bestimmten Botenstoff zu binden!

Es war im Licht des bisherigen Wissens einfach unvorstellbar: Das Gehirn sollte plötzlich dem endokrinen (hormonellen) System ähneln, »dessen Hormone lang und breit durch unseren Körper reisen. Das Gehirn gleicht einem Sack voller Hormone!« kommentiert Pert. Denn genau das bedeutet es, wenn hier wie im Körper Peptide weite Strecken reisen. Und sie reisen in außerzellulären

Flüssigkeiten durch den gesamten Körper, um zu ihrem Ziel, nämlich ganz spezifischen Zellrezeptoren, zu gelangen. Ein Kind würde hier fragen: »Haben sie denn Augen?« Wir stellen solche Fragen natürlich nicht und wundern uns trotzdem. Die Bindesubstanzen (Botenstoffe) müssen durch eine magische Kraft von den Rezeptoren angezogen werden, um ihren Weg zu finden. Eine ganz neue Geographie des Gehirns (und des Körper-Gehirns) stellte sich den Forschern dar.

Nun konnten sie da weitermachen, wo sie bereits Mitte der achtziger Jahre der Schwede Thomaas Hokfeldt in einer Pionierleistung hingeführt hatte: Völlig unerwartet entdeckte er, daß alle Neuropeptide, nach denen er suchte, sich auch im autonomen (vegetativen) Nervensystem des Körpers fanden. Sie saßen nicht nur in den langen Reihen der Ganglienzellen der Nerven beiderseits des Rückgrats, sondern auch in den »End«-Organen selber. Eine Entdecker-Ära begann und ist noch voll im Gang, erklärte Candace B. Pert, als Neurowissenschaftler die präzisen Verbindungen zwischen allen Teilen und Bereichen des Körpers aufspürten. Neue, Peptide enthaltende Zellkern-Gruppen (»nuclei«) wurden und werden noch heute jeden Tag gefunden. Sie sind die Quelle, der Ursprung, der meisten Botschaften (Verbindungen) von Gehirn zum Körper und vom Körper zum Gehirn.

Als Beispiel führt Pert die noch ganz neue Entdeckung ihrer Kollegin Rita Valentino von der University of Pennsylvania an. Sie wies nach, daß die »Hirnpfade der Lust«, reich an Opiatrezeptoren und anderen »Emotions-Molekülen«, ganz enge Verbindungen zu einem Hirnzentrum haben, das unsere Ausscheidungsfunktionen steuert.[49] »Goodness«, da sei es doch kein Wunder, so Perts Kommentar, daß die ganze Sauberkeitserziehung unserer Kinder, ebenso wie manche ungewöhnliche sexuellen Praktiken, so emotionsbeladen seien (»loaded with emotional stuff«)![50]

Wenn wir uns daran gewöhnen könnten, erklärt die amerikanische Psychologin und Molekularbiologin, daß »die Biochemie der Emotionen« aus Peptiden und anderen Informationssubstanzen besteht, und ihre Verteilung vielerlei Bedeutung hat, würden Freuds Theorien eine molekulare Untermauerung bekommen. »Der Körper ist der unbewußte Verstand! Unterdrückte, von übermächtigen Emotionen hervorgerufene Traumata können in einem Körperteil gespeichert werden und später unsere Fähigkeit, ihn zu fühlen oder zu bewegen, beeinflussen.« Die neuen Forschungsarbeiten legen nahe, daß es fast unendlich viele Zugänge und Wege für den bewußten Geist gibt, das Unbewußte und den Körper zu beeinflussen und zu verändern.

Der Neurowissenschaftler LeDoux war nach seinen Beobachtungen zu der Überzeugung gekommen, daß die herkömmliche (von Paul D. MacLean ins Leben gerufene) Bezeichnung des limbischen Systems als dem Sitz der Emotionen und Gefühle nicht mehr haltbar ist. Das *ganze* Gehirn bearbeitet und transportiert Emotionen, erklärte er, und *nur ein kleiner Teil* von diesem Ganzen befaßt sich mit dem Verstand. Die emotionale Vernetzung des Gehirns ist also universal. Sie stützt, fördert, ermöglicht oder behindert unser Denken.

Die neuen molekularbiologischen Entdeckungen bekräftigen und bestätigen ihrerseits diese Auffassung. »Wir können das emotionale Gehirn nicht mehr auf die klassischen Lokalisierungen in der Amygdala, dem Hippocampus und dem Hypothalamus beschränkt sehen«, sagt Candace B. Pert.

So fand man unerwartet ganz andere anatomische Strukturen, »Verkehrsknotenpunkte« der Informationen, mit hoher Konzentration fast aller Neuropeptid-Rezeptoren – zum Beispiel das »Dorsal-Horn« (Hinterhorn oder die rückwärtige Ausbuchtung des Rückenmarks). An dieser Stelle sitzt die erste Synapse im Nervensystem, in der alle somatosensorischen Informationen zusammentreffen, bearbeitet und weitergegeben werden. Es handelt sich um Nachrichten über die Befindlichkeiten des Körpers, ganz gleich, ob sie Empfindungen aus Organen, der Haut, den Muskeln oder Gelenken sind. Man nennt diese Wahrnehmung auch Propriozeption (Eigenwahrnehmung). Pert und ihre Kollegen entdeckten, daß auch an allen Stellen, wo Informationen der übrigen fünf Sinne – Sehen, Hören, Schmecken, Riechen und Fühlen – in das Nervensystem gelangen, eine hohe Konzentration von Neuropeptiden zu finden und zu erwarten ist. Sie bezeichneten diese Konzentrationspunkte als »Knotenpunkte«, um deutlich zu machen, daß hier ein Großteil der Informationen zusammentreffen. »Die Information wird von Axonen und Dendriten zahlreicher Nervenzellstränge transportiert, die nah daran vorbeiführen oder synaptischen Kontakt miteinander herstellen.«

Da diese Knotenpunkte, wie eben beschrieben, nahezu allen Neuropeptiden zugänglich und von ihnen beeinflußbar sind, passieren hier (ständig erneut modifizierbare!) Entscheidungen darüber, *wie* eine bestimmte Information weitergegeben wird: Bleibt sie unbewußt oder gelangt sie – als dringliches Bedürfnis – ins Bewußtsein oder verursacht sie eine körperliche Veränderung. Ob wir sexuell erregt sind oder das Bedürfnis haben, zur Toilette zu gehen, klärt sich in einem dieser Knotenpunkte, dem Nucleus Barrington, je nachdem, welcher Neurotransmitter die Rezeptoren gerade okkupiert. Emotionale und körperliche Empfindungen sind hier miteinander wie Fäden verwoben und versponnen. In zwei Richtungen wirkend, können sie sich innerhalb dieses Netzes gegenseitig verändern. Es sind Prozesse, die meist unbewußt ablaufen, die jedoch »unter bestimmten Bedingungen willentlich ins Bewußtsein erhoben werden können«.[51]

Denn jede Botschaft von den Sinnesorganen – etwas sehen, hören, ein Streicheln fühlen – wird auf ihrem Weg durch eine oder mehrere Synapsen gefiltert. Die Frage ist, wie weit sie vorgelassen werden. Erst wenn sie den »Vorderlappen« unseres neuen, »schlauen« Gehirns, des Neocortex erreichen, können sie ins Bewußtsein gelangen. Wer bestimmt das? Nun, eben die Zahl und Art der Rezeptoren, die in diesen Knotenpunkten versammelt sind.

Jetzt aber wird es noch spannender, denn wir möchten ja auch wissen, wovon ihre Art und Zahl eigentlich abhängig ist. Hier treffen die Beobachtungen aus dieser Forschung nach den Emotionsmolekülen mit der der Neurowissenschaftler wie Damasio oder LeDoux zusammen: Alles, was wir in unserem Gedächtnis, dem unbewußten und dem bewußten, aufbewahren, hat dazu geführt, daß genau diese oder andere Rezeptoren in großer oder geringer Menge sich hier gebildet haben. All der Kleinkram und das Wichtige, das wir heute oder in unserer Kindheit erlebt haben – auch, was wir heute mittag gegessen haben.

Seelisches Erleben wird zu physiologischer Realität

Jetzt wird noch deutlicher, was wir im Kapitel über die Äffchen, das Baby mit seinem Hungerschreien und den Kindern, die zu sozialgestörten Jugendlichen wurden, dargestellt haben. Mit negativen entmutigenden oder vielen – auch später hinzukommenden – positiven ermutigenden Erfahrungen schaffen wir in uns selber und den Menschen um uns Erinnerungen und damit buchstäblich ein neurales und molekulares Material, auf das der Betreffende später zurückgreift – meist unbewußt. Der Körper – und das heißt auch das Gehirn, Nervenzellen, die Immun- und Organzellen, die Rezeptoren – »schreibt auf«, was wir erleben. Manches schreibt er so auf und verwahrt es wie im Giftschrank, unserem Bewußtsein für immer unzugänglich, weil vielleicht zu gefährlich oder einfach nicht sehr nützlich. Es wirkt aber in uns weiter und bestimmt in gewisser Weise mit, was wir denken, wie wir lernen und wie wir uns verhalten.

Wichtig ist für uns, das wirklich Neue an dieser ganzen Forschung der letzten Jahre zu verstehen: Auf verschiedenen Wegen wurde unwiderlegbar nachgewiesen: Seelisches (also emotional-geistiges) Erleben, für uns wichtige emotionale Erfahrungen, werden in unserem Nerven- und Zellsystem zu einer physiologischen (körperlichen) Realität.

Wir könnten uns dies zunutze machen, wenn wir immerhin schon dazu beitrügen, daß sich in unseren Kindern früh eine positive Realität bilden kann, daß sie ein möglichst wertvolles, motivierendes »Material« in ihren Köpfen bilden können, noch bevor wir von ihnen in der Schule verlangen, daß sie alle Cracks werden. Und wir könnten es selber aufgreifen, indem wir nicht müde werden, in uns und in Menschen um uns positives Material zu schaffen, und sei es nur dadurch, daß wir uns um eine menschlichere Sprache bemühen und den anderen ernst nehmen.

Computer essen keine Hefeknödel

Candace B. Pert stellt uns das Gehirn als eine Art lebendiges »Gerät« vor, in dem Sinneseindrücke (sensorischer Input) nicht nur gefiltert und gespeichert werden, sondern auch mit anderen Erlebnissen und Reizen, die gleichzeitig hereinkommen, assoziiert werden. Genau das sei Lernen, erklärt die Wissenschaftlerin. Könnte ein Computer das nicht auch leisten? Nun, die Assoziationsarbeit vielleicht. Aber welcher Computer ist schon von einer Mutter liebevoll in den Arm genommen und dabei gleichzeitig mit einem ganz besonderen Kosenamen angesprochen worden, welcher Computer hat mittags Hefeknödel mit Pflaumen gegessen und sich dabei auch noch an einen bestimmten Geruch aus seiner frühen Kindheit erinnert, welcher Computer erlebte, wie er beim Versuch, eine Geliebte zu umarmen, abgewiesen wurde? Welcher Computer weiß, was emotionale Sicherheit oder Angst vor Trennung bedeuten?

Wie unser viel leistungsfähigeres Gerät Körper-Gehirn mit neuen Inputs umgeht, läßt sich an einem einfachen Beispiel erklären. Nehmen wir einen Sehreiz. Sehen ist eine beim Menschen hochentwickelte Fähigkeit. Wenn eine visuelle Botschaft auf den lichtempfindlichen Teil des Auges, die Retina, trifft, und hier ins Gehirn losgeschickt wird, legt sie ihren Weg über mehrere Synapsen zurück – von einem ganz hinten gelegenen Hirnbereich bis zum vorderen Cortex. An jeder Synapse werden neurophysiologische Muster (Erinnerungen ähnlich) hervorgerufen, so daß sich nach und nach das Bild komplettiert. Wenn es bei der ersten Synapse nur grobe Umrisse waren, so werden sie nun durch all die hinzukommenden assoziativen Informationen zu einem immer reichhaltigeren, genaueren, farbigeren Bild, je mehr sie sich dem frontalen

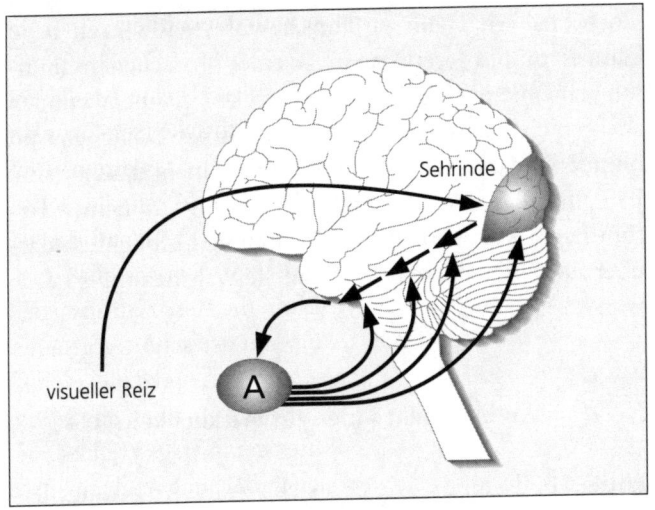

visueller Reiz

Sehrinde

A

Ein sensorischer (hier wieder visueller) Reiz ist vom Sinnesorgan zum betreffenden Bereich der Gehirnrinde (Cortex)
gelangt und wird zur Amygdala (A) gesendet. Er muß dazu
mehrere Bereiche durchlaufen. Die Amygdala »projiziert«
ihre emotional gefärbten Signale zurück zu allen diesen Bereichen und beeinflußt damit einzelne Phasen der Reizver-
arbeitung. Gleichzeitig schickt sie ihre Informationen auch
an das hinter der Stirn sitzende »Denkhirn« und beeinflußt
damit Aufmerksamkeit, Gedächtnis und höhere Prozesse.
Das Bild, das schließlich ins Bewußtsein gelangt, ist so nach
und nach von emotionalen Erinnerungen und Erfahrungen
komplettiert worden.

Cortex nähern. Dann wird uns bewußt, was wir sehen. So kann es mir passieren, daß ich in einer Menschenansammlung eine meiner Töchter zu entdecken glaube, wenn ich ein großgewachsenes, junges, schlankes Mädchen mit blonden Haaren sehe – obwohl sie gar nicht dasein kann. Es dauert ein paar Millisekunden, bevor ich meinen Irrtum bemerke, bevor mein Cortex mich schließlich darüber aufklärt, daß meine vorschnelle Wahrnehmung falsch war.

Wo bitte geht's hier zur Wirklichkeit?

Unser »bodymind«, wie Pert sich ausdrückt, benutzt Botenstoffe (Neuropeptide), um bestimmte Emotionen, Gefühle, Verhaltensweisen, um Lernbereitschaft zu fördern und zu ermöglichen oder zu unterbinden. Wenn ein Rezeptor, eine mikroskopische Zellantenne also, von einem Botenstoff überflutet wird, dann verändert er die Zellmembran so, daß ein elektrischer Impuls hindurchgeleitet oder gestoppt wird. Danach beeinflußt er die Wahl, welche Nervenbahn nun benutzt wird. Diese jungen Entdeckungen seien wichtig, so die Molekularbiologin, um wirklich zu verstehen, wie Erinnerungen nicht nur im Gehirn, sondern in einem riesigen psychosomatischen Netz, das in den Körper hineinreicht, gespeichert werden.[52] Die Entscheidung, was als unverdauter Gedächtnisstoff in einer der unteren Etagen gespeichert oder was ein bewußter Gedanke werden soll, vermitteln die Rezeptoren! Die meisten emotionsbeladenen Gedächtnisprozesse spielen sich unbewußt sozusagen im Keller ab, sie bleiben, um mit Pert zu sprechen, auf der Rezeptor-Ebene, nur manchmal gelangen sie ins Bewußtsein. Was ist dann eigentlich unsere Realität? Und was Realität schlechthin?

Emotionen, antwortet Pert, regulieren ständig, was wir als »Realität« erleben und für Realität halten.

All dies schützt uns vor heillosem Chaos: Unser Nervensystem ist ja nicht fähig, alles aufzunehmen. Damit das Gehirn nicht ständig in einer Flut von allen Seiten herankommender sensorischer Reize (Inputs) ertränkt wird, muß uns also ein Filtersystem die wertvollsten Informationen für unser Körper-Gehirn, »bodymind«, herausfinden und andere aussortieren helfen. Und es kann das nur, weil eben bereits bestimmte Nervenverbindungen schon vorhanden sind – nämlich durch unsere vergangenen Erlebnisse und Erfahrungen. Solche inneren Muster werden wie mit dem Scanner durchgekämmt. Dieser Filterprozeß für das, was verarbeitet, erinnert, gelernt wird, ist fast ganz und gar unbewußt und findet großteils im Schlaf und im Traum statt.

Ich weiß nicht, was von all dem in Ihrem Denken hängenbleibt, was Ihr Körper-Geist herausgefiltert oder durchgelassen hat – als für Sie nützlich oder wertlos. Ich denke aber, daß auch Sie in Ihrem Körper-Kopf-Kommunikationssystem so vorgehen, wie es LeDoux oder Candace B. Pert beschreiben. Und ich weiß immerhin, daß Ihre Realität zwar eine andere ist als meine, daß sich diese Wirklichkeiten jedoch ähneln müssen. Sonst könnten wir uns nicht verstehen. Und viele Menschen können wir ja tatsächlich nicht verstehen, weil ihre Erlebniswelt zu einer ganz anderen Art zu denken geführt hat als unsere.

Wenn wir daraus einen einfachen Schluß ziehen könnten, dann vielleicht den, daß wir unseren Verstand mit etwas mehr Bescheidenheit betrachten, das, was uns dahin gebracht hat, dagegen mit mehr Achtung und das, was wir daraus machen können, mit etwas mehr Sorgfalt und menschlich-warmem Engagement.

Nachwort

Vor wenigen Monaten trafen sich zahlreiche Wissenschaftler auf einer Konferenz, um den Ertrag der »Dekade des Gehirns« zu diskutieren, die 1990 von US-Präsident George Bush proklamiert worden war. Ziel des damaligen Aufrufs war es, die finanzielle Unterstützung der Hirnforschung durch diverse Förderorganisationen zu reanimieren, um das Zentrale Nervensystem und Fragen nach psychischen Prozessen und Verhaltensweisen intensiver untersuchen zu können. Nicht das einzige, aber ein typisches Beispiel für die so neu angestoßene Forschung war der drastisch verbesserte Einsatz sogenannter »bildgebender Verfahren«, mit deren Hilfe die Hirntätigkeit eines Menschen, z. B. bei der Bewältigung einer Aufgabe, darstellbar wird. Ermöglicht wurde die Entwicklung dieser neuen Untersuchungsmethode allein dadurch, daß es in den Verhaltenswissenschaften, und hier speziell in der Psychologie, der Linguistik und der Neuropsychologie, bereits zahlreiche Modellvorstellungen darüber gab, wie Emotionen, Sprache und überhaupt Wahrnehmung zustande kommen und welche funktionale Bedeutung sie für die Entwicklung und die Kommunikationsfähigkeit des Menschen haben. Diese Disziplinen konnten aus dem Universum der nahezu unendlich vielen Teilbereiche unseres Gehirns jene Kombinationen von Gehirnarealen benennen, die als Zielgebiet für eine detaillierte Untersuchung mit »bildgebenden Verfahren« in Frage kamen. Die Zusammenarbeit der verschiedenen wissenschaftlichen Fachrichtungen in der Hirnforschung hat weltweit bis heute einen enormen Aufschwung ermöglicht, und sie wird sicherlich auch die nächsten Jahrzehnte als dominierende Arbeitsweise bestimmen. Ein Tagungsteilnehmer beschrieb den zentralen inhaltlichen Erkenntnisfortschritt seit 1990 folgerichtig als die Auflösung des Descartesschen Dualismus: Heute ist es nicht mehr möglich, Psyche und Soma in ihren Erscheinungsformen als unabhängige Größen voneinander zu trennen.

Genau diesen Punkt trifft Katharina Zimmer in ihrem Buch, wenn sie anhand jüngster Forschungsergebnisse und vieler Beispiele aus dem Alltag plausibel belegt, daß Gefühl und Verstand untrennbar zusammenwirken. Noch immer ist es für den Laien, aber auch für den Fachmann eine der faszinierendsten Fragen, wie Emotionen unsere Handlungen steuern, ohne daß wir uns über deren Zustandekommen bewußt sind. Hier sind die Ergebnisse von Autoren wie Joseph LeDoux oder Antonio Damasio als Meilensteine der Forschung zu sehen. Erst durch ihre entwicklungspsychologische Perspektive wird verständlich, wie das Zusammenwirken der genetischen Ausstattung des heranwachsenden Kindes, seine intensive Interaktion mit der Umwelt schon im Mutterleib und später die Auseinandersetzung mit den Eltern und dem weiteren sozialen Umfeld nach der Geburt zur Reifung unseres Gehirns und unseres Verhaltens führt.

Diese enorm komplexen Abläufe lassen sich unter vielen verschiedenen Aspekten betrachten: Gehirnphysiologische und neuropsychologische Gesichtspunkte bilden eine Betrachtungsebene, die Beobachtung des Verhaltens und der Austausch mit anderen Personen eine zweite und schließlich die Beschreibung und Analyse des Erlebens und dessen, was wir als kognitive Ausstattung kennen, die dritte. Doch erst die Kombination all dieser Perspektiven läßt erkennen, daß wir durch unser hochorganisiertes Bewußtsein zahlreiche evolutionäre Vorteile genießen. Dazu gehören zum Beispiel unsere große Flexibilität und unser enormes Lernvermögen, aber auch die Tatsache, daß oftmals gar nicht bewußte emotionale Argumente unser Handeln steuern und auf unseren Verstand einwirken. Daß die individuelle Entwicklung darauf besonderen Einfluß nimmt, zeigt uns Katharina Zimmer am Beispiel der Kommunikationsfunktionen der Haut sehr eindrucksvoll. Hier ist es vor allem der Körperkontakt, der gemeinsam mit der vorsprachlichen Kommunikation die enge Bindung zwischen Mutter und Kind in einer feinabgestuften Form ermöglicht. Auf diese Weise werden die Voraussetzungen geschaffen, damit die emotionale Entwicklung die Basis für einen gesunden Menschenverstand bereiten kann. In Abwandlung eines alten Sprichwortes, nämlich daß ein gesunder Verstand nur in einem gesunden Körper existieren kann, müßte man heute eigentlich sagen: Ein gesunder Verstand braucht »gesunde« Gefühle. Dies ist eine der Botschaften des Buches, das Sie gerade in den Händen halten.

Prof. Roman Ferstl, Direktor des Instituts
für Psychologie der Universität Kiel
Kiel, 1999

Danksagung

Ich möchte aus meinem Herzen keine Mördergrube machen. Darum danke ich wenigstens einigen von denen, die mich im Gespräch oder durch ihre Veröffentlichungen im Laufe der Jahre und auch bei meinen jüngsten Recherchen begeistert und zu diesem Verständnis gebracht haben:

Jerome Bruner, Antonio R. Damasio, Margaret Donaldson, Inge Flehmig, Roman Ferstl, Stanley I. Greenspan, Karin und Klaus Grossmann, Joseph LeDoux, Alicia Lieberman, Alice Miller, Mechthild und Hanuš Papoušek, Candace B. Pert, Oliver Sacks, Daniel N. Stern, nicht zu vergessen die Verstorbenen John Bowlby und Donald W. Winnicott.

Anmerkungen

I. Mitten drin im Labyrinth

[1] Siehe auch Joseph LeDoux, *The Emotional Brain*, S. 12.

[2] Eine Erklärung dafür könnte in der Hirnreifung gefunden werden: Verbindungen zwischen den Bereichen, die schnell emotionale Reize verarbeiten, und den »höheren« Sphären des Neocortex, reifen erst sehr viel später, oft erst bis zum Erwachsenenalter völlig aus. Dies wäre eine biologische Ursache dafür, warum wir ein Baby mit Gefühlsbotschaften in Tonfall, Gestik, Mimik und der gesamten Körpersprache am besten erreichen und warum es auch ebenso reagiert. Es ist noch ganz auf seinen emotional-intuitiven Verstand angewiesen. Und der leistet bereits Erstaunliches.

[3] Untersuchungen der Psychoverhaltensbiologen Hanuš und Mechthild Papoušek, auf die ich später zurückkommen werde.

[4] Antonio R. Damasio, *L'Erreur de Descartes*, S. 243/244.

[5] Siehe auch Donald W. Winnicott, *Talking to Parents*.

[6] Antonio R. Damasio, *L'Erreur de Descartes*, S. 243/244.

[7] Daniel Goleman, *Emotionale Intelligenz*.

[8] Nachzulesen bei Oliver Sacks, *Der Mann, der seine Frau mit einem Hut verwechselte*.

[9] Aus einem Interview in: *Sciences Humaines*.

[10] Diese und die hier folgenden Zitate stammen sinngemäß, nicht wortgetreu, aus dem erwähnten Buch von Damasio. Einige gebe ich in wörtlicher Rede, also in Anführungszeichen, aber gerafft wieder. Nachzulesen bei Damasio, *L'Erreur de Descartes*, S. 91 ff.

[11] René Descartes, *Discours de la méthode*, S. 129.

[12] John C. Eccles, *Wie das Selbst sein Gehirn steuert*, S. 40.

[13] Gerald M. Edelman, *Göttliche Luft, vernichtendes Feuer*, S. 252/253.

[14] Ebenda, S. 250.

II. Die großen Denker der Emotionen

[15] Antoine Furetière, *Les Emotions.*
[16] Robert C. Solomon, »The Philosophy of Emotions«, S. 5.
[17] Keith Oatley/Jennifer Jenkins, *Understanding Emotions*, S. 5.
[18] Interessant dazu Joseph LeDoux, *The Emotional Brain.* Er beschäftigt sich in seinem Buch ausführlich mit der Gegenüberstellung von James und Cannon.
[19] Candace B. Pert, *Molecules of Emotion.*

III. Die Haut – unser zweites Gehirn

[20] Candace B. Pert, *Molecules of Emotion*, S. 68. Peptide sind Verbindungen von zwei oder mehr Aminosäuren. Hormone sind entweder Peptide oder Steroide.
[21] Es war der Biologe Gottlieb Gilbert, der in den siebziger Jahren an Kükenembryonen zum ersten Mal zeigte und nachwies, daß embryonale Entwicklung nach diesem Prinzip verläuft. Vorher hatte man angenommen, Nervenbahnen müßten bereits soweit ausgereift sein, daß sie durch sogenannte Myelenisierung stabilisiert waren, bevor eine Funktion ausgeübt werden konnte – eine Vorstellung, die auch heute viele noch nicht über Bord geworfen haben.
[22] Je nach Schule spricht man vom Fötus oder Fetus nach acht Wochen oder nach dem ersten Drittel der Schwangerschaft.
[23] Bei hormonell stimulierten Schwangerschaften kommt es oft zur Einnistung viel zu vieler Embryonen. Manchmal sind es sogar acht und mehr, die alle potentiell lebensfähig sind. Da jedoch der Mutterleib weder Raum noch Nahrung für einen solchen »Wurf« zahlreicher Babys auf einmal bietet und zudem das Leben der Mutter dadurch gefährdet ist, nimmt man eine sogenannte Reduktion vor. Das heißt: Einige werden mit Hilfe einer in den Uterus eingeführten Nadel getötet. Der Arzt kontrolliert sein Vorgehen am Ultraschallbildschirm.
[24] Alicia F. Lieberman, *The Emotional Life of the Toddler*, S. 125.
[25] Das gilt nicht für einige »übererregbare« Kinder. Sie lassen sich

nicht so gern anfassen. Die meisten Mütter respektieren intuitiv diese individuellen Unterschiede.

26 Im Dezember 1998 erhielten sie gemeinsam für ihre langjährigen umfassenden wissenschaftlichen Arbeiten über das intuitive Verhalten zwischen Eltern und Kindern und über die biologischen Wurzeln unserer Kommunikation den »Gesellpreis« (nach dem berühmten Kinderarzt Gesell, dessen Bücher über die Entwicklung des Babys Generationen von Eltern vertraut sind).

27 Donna Williams, *Ich könnte verschwinden, wenn du mich berührst*, S. 194f. und 201.

28 Didier Anzieu, *Das Haut-Ich*.

29 Tiffany M. Field, »Touch Therapy Effects on Development«, S. 779–797.

IV. Wie wir werden, was wir sind

30 Karin Grossmann, »Nachwort«.

31 Katharina Zimmer, *Warum Babys und ihre Eltern alles richtig machen* und *Erste Gefühle*.

32 Alicia F. Lieberman, *The Emotional Life of the Toddler*, S. 124.

33 Wie Forscher dies herausgefunden haben, beschreibe ich ausführlich in meinen bereits erwähnten Büchern.

34 Antonio R. Damasio, *L'Erreur de Descartes*, S. 209.

35 Alicia F. Lieberman, *The Emotional Life of the Toddler*, S. 125 bis 127.

36 J. Allan Hobson, *Schlaf*, S. 201.

37 Joseph LeDoux, *The Emotional Brain*, S. 231.

38 Ebenda, S. 219.

39 Ebenda, S. 69.

40 Nach einem Vortrag von Karin Grossmann auf einem Fortbildungsseminar für Kinderärzte und -schwestern November 1998 in Remscheid.

41 Zitiert aus: W. Schiefenhövel / R. Krell / J. Uher (Hrsg.), *Eibl-Eibesfeldt*.

42 In Klaus E. Grossmann, »Bindung zwischen Kind und Eltern«.

43 Peter Sichrovsky, *Unheilbar deutsch*, S. 41–82.

V. Sprache – Eintritt in die Welt des Bewußtseins

[44] Mechthild Papoušek, *Vom ersten Schrei zum ersten Wort*, S. 46/47, 81 ff.
[45] Jerome Bruner, *Child's Talk*, S. 29.
[46] Noam Chomsky, *Aspects of the Theory of Syntax* und *Reflections on Language*.
[47] Zitiert nach Margaret Donaldson, *Children's Minds*. S. 28.

VI. Ausblicke in die Zukunft

[48] Wobei, wie wir schon erfahren haben, auch das neuronale Netz auf die meisten dieser Substanzen angewiesen ist.
[49] Es handelt sich um eine kurze neuronale Verbindung, eine sogenannte »Projektion«, zwischen dem Nucleus of Barrington und dem Locus Coeruleus, der dank des Botenstoffs Norepinephrine eine Quelle ist, aus der die »Hirnpfade der Lust« gespeist werden.
[50] Candace B. Pert, *Molecules of Emotion*, S. 139–141.
[51] Ebenda, S. 142.
[52] Ebenda, S. 143.

Literatur

Anzieu, Didier, *Das Haut-Ich.* Frankfurt/M., Suhrkamp 1991.

Aristoteles, *Rhetorik.* München, UTB 1980.

–, *Über die Seele.* Hamburg, Meiner 1998.

Bowlby, John, *Elternbindung und Persönlichkeitsentwicklung.* Heidelberg, Dexter 1995.

Bruner, Jerome, *Child's Talk – Learning to Use Language.* New York, W. W. Norton & Co. 1983. Deutsch: *Wie das Kind sprechen lernt.* Bern u.a., Huber 1987.

Cannon, Walter B., *Wisdom of the Body.* New York, W. W. Norton & Co. 1930.

–, *Wut, Hunger, Angst und Schmerz. Eine Physiologie der Emotionen.* München, Urban & Schwarzenberg 1975.

Chomsky, Noam, *Aspects of the Theory of Syntax.* Cambridge/Mass., MIT Press 1965. Deutsch: *Aspekte der Syntax-Theorie.* Frankfurt/M., Suhrkamp 1969.

–, *Reflections on Language.* New York, Random House 1975. Deutsch: *Reflexionen über die Sprache.* Frankfurt/M., Suhrkamp 1977.

Damasio, Antonio R., *L'Erreur de Descartes*, Paris, Editions Odile Jacob 1995. Deutsch: *Descartes' Irrtum.* München, List 1995.

Darwin, Charles, *Der Ausdruck von Gemüthsbewegungen bei dem Menschen und den Thieren.* Nördlingen, Greno 1986.

–, *Über die Entstehung der Arten durch natürliche Zuchtwahl oder die Erhaltung der begünstigten Rassen im Kampfe um's Dasein.* Darmstadt, Wissenschaftliche Buchgesellschaft 1992.

De Sousa, Ronald, »The Rationality of Emotions«, in: *Explaining Emotions.* Hrsg. von Amélie O. Rorty. Berkeley, University of California Press 1980.

Descartes, René, *Die Leidenschaften der Seele.* Hamburg, Meiner ²1996.

–, *Discours de la méthode.* Paris, Le Livre de Poche 1970. Französisch/Deutsch: Hamburg, Meiner 1997.

Dolto, Françoise, *Zwiesprache von Mutter und Kind. Die emotionale Bedeutung der Sprache.* München, Kösel 1988.

Donaldson, Margaret, *Children's Minds*. New York, W. W. Norton & Co. 1979. Deutsch: *Wie Kinder denken*. Bern u. a., Huber 1982.

–, *Human Minds – An Exploration*. New York/London, Penguin 1992.

Eccles, John C., *Wie das Selbst sein Gehirn steuert*. München, Piper 1996 (Serie Piper, 2286).

Edelman, Gerald M., *Göttliche Luft, vernichtendes Feuer*. Piper, München 1995.

Eibl-Eibesfeldt, Irenäus/Sütterlin, C., »Fear, Defence and Aggression in Animals and Man: Some Ethological Perspectives«, in: *Fear and Defense*. Hrsg. von P. F. Brain, S. Parmigiani u. a. London, Harwood 1990, S. 381–408.

Field, Tiffany M., »Touch Therapy Effects on Development«, in: *International Journal of Behavioral Development*, 1998, 22 (4), S. 779–797.

Furetière, Antoine, *Les Emotions*. Cadeilhan, Editions Zulma 1998.

Goleman, Daniel, *Emotionale Intelligenz*, München, Hanser 1995.

Greenspan, Stanley I./Benderley, Beryl Lieff, *Die bedrohte Intelligenz. Die Bedeutung der Emotionen für unsere geistige Entwicklung*. München, Bertelsmann 1999.

Grossmann, Karin, »Nachwort«, in: Katharina Zimmer, *Warum Babys und ihre Eltern alles richtig machen*. München, Goldmann 1997.

–, »Vortrag auf einem Fortbildungsseminar für Kinderärzte und -schwestern«, Remscheid, November 1998.

Grossmann, Klaus E., »Bindung zwischen Kind und Eltern. Verhaltensbiologische Aspekte der Kindesentwicklung«, in: *Scheidungswaisen – Verpflichtung, Recht und Chancen im Spannungsfeld divergierender Interessen*. Hrsg. von Otto Kraus. Göttingen: Vandenhoek & Ruprecht 1993, S. 56–59.

Gruen, Arno, *Der Verlust des Mitgefühls – Über die Politik der Gleichgültigkeit*. München, dtv 1990.

Hobson, J. Allan, *Schlaf. Gehirnaktivität im Ruhezustand*. Heidelberg, Spektrum Akademischer Verlag 1990.

Horne, James, *Why We Sleep. The Functions of Sleep in Humans and Other Mammals*. Oxford, Oxford University, Press 1988.

James, William, »What is an emotion?«, in: *Mind*, 1884, 9 (33–36), S. 188–205.

–, *Principles of Psychology*. 2 Bde. New York, Holt 1890.

Jouvet, Michel, *Die Nachtseite des Bewußtseins. Warum wir träumen.* Reinbek, Rowohlt 1994.

Karmiloff-Smith, Annette, »Interview«, in: *Sciences Humaines,* Oktober 1998, S. 36/37.

Kramer, Peter D., *Glück auf Rezept. Der unheimliche Erfolg der Glückspille Fluctin.* München, Kösel 1995.

Langer, Ellen J., *Kleine Anleitung zum Klugsein. Sieben Kapitel über sinnvolles Lernen.* Stuttgart: Klett-Cotta 1999.

LeDoux, Joseph, *The Emotional Brain – The Mysterious Underpinnings of Emotional Life.* New York, Simon & Schuster 1996. Deutsch: *Das Netz der Gefühle. Wie Emotionen entstehen.* München, Hanser 1998.

Lieberman, Alicia F., *The Emotional Life of the Toddler,* New York u. a., The Free Press 1993. Deutsch: *Ein kleiner Mensch. Das Gefühlsleben des Kindes in den ersten drei Jahren.* Reinbek, Rowohlt 1995.

Lurija, Alexander R., *Die höheren kortikalen Funktionen des Menschen und ihre Störungen bei örtlichen Hirnschädigungen.* Berlin (DDR) 1970.

Masson, Jeffrey Monssaieff / McCarthy, Susan, *Wenn Tiere weinen.* Reinbek, Rowohlt 1996.

Miller, Alice, *Der gemiedene Schlüssel,* Frankfurt/M., Suhrkamp 1988.

Montagu, Ashley, *Körperkontakt. Die Bedeutung der Haut für die Entwicklung des Menschen.* Stuttgart, Klett-Cotta 1987.

Morris, Desmond, *Babywatching.* München, Heyne 1994.

Oatley, Keith/Jenkins, Jennifer, *Understanding Emotions.* Cambridge/Mass., Blackwell Publishers 1996.

Papoušek, Mechthild, *Vom ersten Schrei zum ersten Wort.* Göttingen, Verlag Hans Huber 1995.

Pert, Candace B., *Molecules of Emotion – Why You Feel the Way You Feel,* New York, Scribner 1997. Deutsch: *Moleküle der Gefühle. Körper, Geist und Emotionen.* Reinbek, Rowohlt 1999.

Piaget, Jean, *Das Erwachen der Intelligenz beim Kinde.* München, dtv 1992.

Pinker, Steven, *Der Sprachinstinkt. Wie der Geist die Sprache bildet.* München, Kindler 1995.

Popper, Karl R. / Eccles, John C., *Das Ich und sein Gehirn.* München, Piper [5]1996 (Serie Piper, 1096).

Sacks, Oliver, *Der Mann, der seine Frau mit einem Hut verwechselte.* Reinbek, Rowohlt 1990 (rororo 18780).

–, *Eine Anthropologin auf dem Mars*. Reinbek, Rowohlt 1997 (rororo 60242).

Schiefenhövel, W. / Krell, R. / Uher J. (Hrsg.), *Eibl-Eibesfeldt – Sein Schlüssel zur Verhaltensforschung*. München, Langen Müller 1993.

Schiefenhövel, Wulf, u. a., *Zwischen Natur und Kultur – Der Mensch in seinen Beziehungen*. Stuttgart, Trias Thieme Hippokrates Enke 1994.

Schindler, Sepp (Hrsg.), *Geburt – Eintritt in eine neue Welt*. Göttingen, Hogrefe 1982.

Sichrovsky, Peter, *Unheilbar deutsch*. Köln, Kiepenheuer und Witsch 1993.

Solomon, Robert C., »The Philosophy of Emotions«, in: *Handbook of Emotions*. Hrsg. von Michael Lewis und Jeannette M. Haviland. New York / London, The Guilford Press 1993.

Spinoza, Baruch, *Sämtliche Werke*. Bd. 2: *Die Ethik*. Hrsg. von Wolfgang Bartuschat. Hamburg: Meiner 1999.

Stern, Daniel N., *Die Lebenserfahrung des Säuglings*. Stuttgart, Klett-Cotta 1992.

–, *Tagebuch eines Babys – Was ein Kind sieht, spürt, fühlt und denkt*. München, Piper 1990.

Vigarello, Georges, *Wasser und Seife, Puder und Parfüm. Geschichte der Körperhygiene seit dem Mittelalter*. Frankfurt / M., Campus 1988.

Werber, Bernard, *Die Ameisen*. München, Heyne 1994.

Williams, Donna, *Ich könnte verschwinden, wenn du mich berührst. Erinnerungen an eine autistische Kindheit*. Hamburg, Hoffmann und Campe 1992.

Winnicott, Donald W., *Talking to Parents*. New York, Addison Wesley 1994.

Zimmer, Katharina, *Erste Gefühle. Das frühe Band zwischen Kind und Eltern*. München, Kösel 1998.

–, *Das Leben vor dem Leben. Über die körperliche und seelische Entwicklung im Mutterleib*. München, Kösel 1984.

–, *Warum Babys und ihre Eltern alles richtig machen. Über die ungeahnten Fähigkeiten, die ihnen die Natur in die Wiege gelegt hat*. München, Goldmann 1997.

Register